ERROTIKA BIBLION.

Εν Καιρω Εκατερον.

Abstrusum excudit.

DERNIERE ÉDITION.

A PARIS,

Chez LE JAY, Libraire, rue Neuve-des-Petits-Champs,
près celle de Richelieu, au Grand Corneille, n° 146.

1792.

PRÉFACE.

CET ouvrage, dont nous donnons une derniere édition, est du célebre *Mirabeau*; il l'a composé pendant sa prison de Vincennes. Voici ce qu'il écrivoit, à ce sujet, du donjon de ce château, le 21 octobre 1780, à sa maîtresse, madame *de Monnier*.

« Je comptois t'envoyer aujourd'hui,
» ma minette bonne, un nouveau ma-
» nuscrit, très-singulier, qu'a fait ton
» infatigable ami; mais la copie que je
» destine au libraire de M. B... n'est pas
» finie... Il t'amusera : ce sont des su-
» jets bien plaisans, traités avec un sé-
» rieux non moins grotesque, mais très-
» décent. Croirois-tu que l'on pourroit
» faire dans la Bible et l'antiquité, des
» recherches sur l'Onanisme, la Triba-
» derie, etc. etc.; enfin sur les matieres
» les plus scabreuses qu'aient traitées les
» casuistes, et rendre tout cela lisible,
» même au collet le plus monté ; et par-
» semées d'idées assez philosophiques?»

Mirabeau a, dans ce peu de mots, assez bien caractérisé son propre ouvrage, pour que nous nous dispensions d'y rien ajouter.

La premiere édition, très - recherchée, étoit devenue rare ; celle-ci a été imprimée avec soin ; et on a fait disparoître les fautes nombreuses qui s'étoient glissées , tant dans le texte que dans les notes de la premiere , soit parce que l'auteur, dans sa prison, n'a pu se procurer les ouvrages originaux dont il cite des passages, soit parce qu'il n'a pu lui-même en corriger les épreuves. On s'en convaincra en comparant la piece de vers de *J. Nevisan*, rapportée en note dans le chapitre intitulé l'*Anandryne* , qui , dans la premiere édition renferme autant de fautes que de mots, et qui a été entiérement rétablie dans celle-ci.

ANAGOGIE.

ANAGOGIE (1).

ON sait que parmi les découvertes innombrables des antiquités d'Herculanum, les manuscrits ont épuisé la patience et la sagacité des artistes et des savans. La difficulté consiste à dérouler des volumes à demi-consumés depuis deux mille ans par la lave du Vésuve. Tout tombe en poussiere à mesure qu'on y touche.

Cependant des minéralogistes Hongrois, plus patiens que les Italiens, plus exercés à tirer parti des productions qu'offrent les entrailles de la terre, se sont offerts à la reine de Naples. Cette princesse, amie de tous les arts, et savante dans celui d'exciter l'émulation, a favorablement accueilli ces artistes : ils ont entrepris cet immense travail.

D'abord ils collent une toile fine sur l'un des rouleaux ; quand la toile est seche, on

(1) Le titre de cet ouvrage ne sera pas intelligible à tous les lecteurs, et plusieurs ne lui trouveront aucun rapport avec le sujet. Néanmoins un autre n'auroit pu lui convenir ; et si nous l'avons laissé en grec, on en devinera aisément la raison,

A

la suspend, et l'on pose en même temps le rouleau sur un châssis mobile, pour le faire descendre imperceptiblement, à mesure que le développement s'opere. Pour le faciliter, on passe un filet d'eau gommée sur le volume avec la barbe d'une plume, et petit à petit, les parties s'en détachent pour se coller immédiatement sur la toile tendue.

Ce travail pénible est si long, que dans l'espace d'une année, à peine peut-on dérouler quelques feuilles. Le désagrément de ne trouver le plus souvent que des manuscrits qui n'apprenoient rien, alloit faire renoncer à cette entreprise difficile et fastidieuse, lorsqu'enfin tant d'efforts ont été récompensés par la découverte d'un ouvrage qui a bientôt aiguisé le génie des cent cinquante académies de l'Italie (1).

(1) La nomenclature en est tout au moins curieuse.

Académiciens de Bologne. Abandonati, Ansiosi, Ociosi, Arcadi, Confusi, Difettuosi, Dubiosi, Impatienti, Inabili, Indifferenti, Indomiti, Inquieti, Instabili, Della Notte Piacere, Sienti, Sonnolenti, Torbidi, Verpertini.

De Gênes. Accordati, Sopiti, Resvegliati.

De Gubio. Addormentati.

De Venise. Acuti, Alletati, Discordanti, Disgiunti, Disurgannati, Dodonci, Filadelfici, Incruscabili, Instancabili.

C'est un manuscrit mozarabique, composé
dans ces temps perdus où Philippe fut enlevé

De Rimini. Adagiati , Eutrupeli.
De Pavie. Affidati , Della Chiave.
De Fermo. Raffrontati.
De Molise. Agitati.
De Florence. Alterati, Humidi , Furfurati , Della Crusca,
Del Cimento , Infocati.
De Cremone. Animosi.
De Naples. Arditi , Infernati , Intronati , Lunatici ,
Secreti , Sirenes , Sicurti , Volanti.
D'Ancone. Argonauti , Caliginosi.
D'Urbin. Assorditi.
De Pérouse. Atomi , Eccentrici , Insensati , Insipidi ,
Unisoni.
De Tarente. Audaci.
De Macerata. Catenati , Imperfetti , Chimerici.
De Sienne. Cortesi , Giovali , Prapussati.
De Rome. Delfici , Humoristi , Lincei , Fantastici ,
Negleti , Illuminati , Incitati , Indispositi , Infecondi ,
Melancolici , Notti Vaticane , Notturni , Ombrosi ,
Pellegrini , Sterili , Vigilanti.
De Padoue. Delii , Immaturi , Orditi.
De Drepano. Difficili.
De Bresse Dispersi , Erranti.
De Modene. Dissonanti.
De Syracuse. Ebrii.
De Milan. Eliconii , Faticosi , Fenici , Incerti , Mis-
costi.
De Recannati. Disuguali.
De Candie. Extravaganti.

à côté de l'eunuque de Candace (1); où Habacuc, transporté par les cheveux (2), por-

De Pezarro. Eterocliti.
De Commachio. Flattuanti.
D'Arezzo. Forzati.
De Turin. Fulminales.
De Reggio. Fumosi , Muti.
De Cortone. Humorosi.
De Bari. Incogniti.
De Rossano. Incuriosi.
De Brada. Innominati , Tigri.
D'Acis. Intricati.
De Mantoue. Invaghiti.
D'Agrigente. Mutabili , Offuscati.
De Veronne. Olympici , Unanii.
De Viterbe. Ostinati , Vagabondi.

Si quelque lecteur est curieux d'augmenter cette nomenclature , il n'a qu'à lire un ouvrage de Jarckius , imprimé à Léipsick en 1725. Cet auteur n'a écrit l'histoire que des académies de Piémont , Ferrare et Milan. Il en compte vingt-cinq dans cette derniere ville seulement. La liste des autres est sans fin , et leurs noms tous plus bizarres les uns que les autres.

(1) Act. ap. 8 , 39. *Spiritus Domini rapuit Philippum , et amplius non vidit eunuchus.*

(2) Daniel , chap. XIV , v. 32. *Erat autem Habacuc prophæta in Judæa , et ipse coxerat pulmentum... Et ibat in campum ut ferret messoribus.*

33. *Dixitque Angelus Domini ad Habacuc : fer prandium quod habes in Babylonem Danieli.*

35. *Et apprehendit eum angelus Domini in vertice ejus ,*

toit à cinq cents lieues le dîner à Daniel, sans qu'il se refroidît, où les Philistins circoncis se faisoient des prépuces (1); où des

et portavit eum capillo *capitis sui, posuitque eum in Babylone.*

Isaac, le maître de Saci, a traduit *capillo* par *les cheveux.* Luther met *oben beym schopff* ; ce qui est la même faute. Car le miracle est plus grand d'avoir transporté Habacuc par *un cheveu* que par *les cheveux* ; mais dans tous les cas le voyage est leste.

(1) Machab., l. 1, c. 1, v. 16.

(1) *Et fecerunt sibi preputiæ.* — Ce qu'Isaac le maître de Saci traduit : *Ils ôterent de dessus eux les marques de la circoncision.* Les Septante disent tout simplement : *Ils se sont fait des prépuces.* Les peres ont ainsi traduit. Mais depuis que les Jansénistes ont paru, ils ont prétendu qu'on ne pouvoit pas mettre les prépuces dans la bouche de jeunes filles lorsqu'on leur faisoit réciter la Bible. Les Jésuites ont soutenu, au contraire, que c'étoit un crime que d'en altérer un seul mot. ·

Le maîtrre de Saci a donc périphrasé, et le pere Berrhuyer a accusé Saci d'hérésie, et prétendu qu'il avoit suivi la Bible de Luther. En effet, Luther, dans sa Bible, se sert du mot *beschneidung.*

Und hielten die beschneidung nicht mehr.

1   2   3   4   5   6

Et ont gardé la coupure point davantage.

1   2   3   4   5   6

Luther, en effet, a mal interprété. Le miracle, de quelque maniere que l'on traduise, étoit de se faire un pré-

anus d'or guérissoient les hémorrhoïdes (1)....
Un nommé Jérémie Shackerley, vrai croyant,
dit le manuscrit, profita de l'occasion.

Il avoit voyagé, et de pere en fils, rien ne
s'étoit perdu dans cette famille, l'une des plus
anciennes du monde, puisqu'elle conservoit
des traditions non équivoques de l'époque
où les éléphans habitoient les parties les plus
froides de la Russie; où le Spitzberg produisoit d'excellentes oranges ; où l'Angleterre
n'étoit pas séparée de la France ; où l'Espagne
tenoit encore au continent du Canada, par
cette grande terre nommée Atlantide, dont
on trouve à peine le nom chez les anciens,
mais dont l'ingénieux M. Bailly sait si bien
l'histoire.

Shackerley voulut être transporté dans une
des planetes les plus éloignées qui forment
notre systême (2) ; mais on ne le déposa pas

puce. Or la chose est en vérité miraculeuse dans le texte
des Septante, et ne l'est pas autant dans la version des
jansénistes.

(1) Rois, liv. VII, chap. VI, v. 17.

*Hi sunt autem ani aurei quos reddiderunt pro dilecto Do-
mino.*

(2) Je ne doute pas que quelque demi-savant, ou quelque critique obstiné, ne trouve, dans la suite de cette
notice, Shackerley beaucoup plus savant en astronomie

dans la planette même, on le plaça dans l'anneau de Saturne. Cet orbe immense n'étoit point encore tranquille. Dans les parties basses, des mares profondes et orageuses, des courans rapides, des tournoiemens d'eau, des tremblemens de terre presque continuels, produits par l'affaissement des cavernes et par les fréquentes explosions des volcans ; des tourbillons de vapeurs et de fumées, des tempêtes sans cesse excitées par les secousses de la terre, et ses chocs terribles contre les eaux de la mer, des inondations, des débordements, des déluges, des fleuves de lave, de bitume,

que ne le comporte le costume d'un ouvrage contemporain d'Herculanum. Mais je le prie d'observer, 1.° que l'anagogie est une révélation faite par Jérémie Shackerley, tout comme..... Ah ! oui : tout comme Saint-Jean a écrit l'Apocalypse dans l'isle de Pathmos. 2,° Que personne dans Herculanum n'a pu rien comprendre à ce manuscrit, écrit bien avant la venue de J. C. comme nous n'entendons rien à la bête de l'Apocalypse qui a 666... sur le front, ornement qui seroit singulier même pour un mari françois ; ce qui ne détruit point du tout l'authenticité de notre docte manuscrit. 3.° Qu'on n'a qu'à lire l'histoire incontestable de l'astronomie antidiluvienne, par M. Bailly, pour se convaincre que Shackerley pouvoit savoir tout ce qu'il paroît avoir su.... Enfin je déclare que pour trente-six mille raisons, un peu trop longues à déduire, douter de Jérémie Shackerley, c'est mériter un auto-da-fé.

de souffre , ravageant les montagnes et se pré-
cipitant dans les plaines , où ils empoison-
noient les eaux ; la lumiere offusquée par des
nuages aqueux, par des masses de cendres ,
par des jets de pierres enflammées que pous·
soient les volcans.... Telle étoit la situation
de cette planete encore informe. L'anneau
seul étoit habitable. Beaucoup plus mince et
plutôt attiédi, il jouissoit déjà depuis long-
temps des avantages de la nature perfectionnée,
sensible, intelligente ; mais on y appercevoit
les terribles scenes dont Saturne étoit le
théâtre.

La forme et la construction de cet anneau
parurent si singulieres à Shackerley que rien
dans l'univers ne lui avoit semblé aussi étrange.
D'abord notre soleil qui est celui des habitans de ce pays , étoit pour eux à peine la
trentieme partie de ce qu'il nous paroît. Il
formoit à leurs yeux l'effet que produit sur
la terre l'étoile du berger, quand elle est dans
son plein. Mercure, Vénus, la Terre et Mars,
n'y pouvoient point être discernés; on y dou-
toit de leur existence. Jupiter seul s'y mon-
troit, à peu de chose près, comme nous le
voyons, avec cette différence qu'il présentoit
des phases comme la lune nous en montre. Il

en étoit de même de ses satellites ; et de ce concours de variétés uniformes , il résultoit des phénomenes curieux et utiles. *Curieux*, en ce que l'on voyoit Jupiter en croissant, etses quatre petites lunes, tantôt en croissant, tantôt en décours ; ou les unes à droite, et les autres se confondant avec la planete elle-même : *utiles*, en ce que Jupiter passoit quelquefois sur le soleil avec tout son cortége ; ce qui produisoit une multitude de points de contact, d'immersions et d'émersions successives, qui ne laissoient rien à désirer pour la régularité des observations. Ainsi la déduction des parallaxes étoit calculée rigoureusement ; en sorte que, malgré l'éloignement de l'anneau, ou de Saturne ou soleil, qui, selon le docte Jérémie Shackerley, n'est guere moins de trois cents treize millions de lieues, on avoit fait plus de progrès en astronomie que sur la terre, depuis une infinité de siecles.

Le soleil étoit foible ; mais le défaut de sa chaléur se compensoit par celle du globe de Saturne, qui n'étoit point attiédi. Cet anneau recevoit de sa planete principale plus de lumiere et de chaleur que nous n'en avons ici-bas ; car enfin cet anneau avoit dans lui-même, dans son centre, ce globe de Saturne, qui est neuf cents fois plus gros que la terre, et il en étoit éloigné de cinquante-cinq mille lieues, ce qui forme les trois quarts de la distance de la lune à la terre.

Autour de l'anneau et à de grandes distances, on voyoit cinq lunes qui se levoient quelquefois toutes du même côté. Shackerley prétend qu'il est impossible de se former une idée assez magnifique de ce spectacle.

Cet anneau si bien situé formoit comme un pont suspendu, un arc circulaire; on voyageoit dans tout son contour; ainsi l'on faisoit de loin le tour du globe de Saturne; mais de façon que le voyageur avoit toujours ce globe du même côté.

La largeur de cet anneau n'est pas moindre que l'épaisseur de notre globe; mais en même temps il est assez mince pour que cette épaisseur disparoisse, quand il est vu de la terre. C'est ainsi que semble la lame d'un couteau, quand on la fixe de loin par le plan du tranchant. Shackerley n'ignoroit rien des phénomenes, qu'on peut connoître ici-bas; mais il s'attendoit à pouvoir se porter au moins à califourchon sur la tranche de cet anneau. Quelle fut sa surprise en voyant que cette épaisseur si mince, qui disparoît à nos yeux, formoit une distance aussi grande que celle de Paris à Strasbourg; car cet exemple donnera plus vîte et plus exactement l'idée de cette dimension, que les mesures itinéraires employées par Shackerley, lesquels ont besoin de quelques milliers de commentaires in-folio, avant que d'être incontestablement évaluées. Ainsi il pouvoit y avoir de petits royaumes sur ce bord intérieur et concave, que les politiques de notre globe sauroient bien rendre un théâtre sanglant et mémorable d'innombrables glorieuses intrigues, s'il étoit à leur disposition. Les habitans de cette partie, que l'on peut appeller les antipodes du dos extérieur de l'anneau, les habitans de l'intérieur, dis-je, avoient ce globe énorme de Saturne suspendu sur leur tête; l'anneau repassoit par-dessus ce globe, et par-delà l'anneau gravitoit les cinq lunes.

Enfin, les habitans de l'intérieur voyoient leur droite et leur gauche, comme nous voyons les nôtres sur la terre; mais l'horizon de devant, ainsi que celui de derriere, étoient bien différens de ceux que nous appercevons ici-bas. A dix lieues nous perdons un vaisseau de vue, à cause de la courbure de notre

globe ; dans l'anneau de Saturne, cette courbure est en sens contraire ; elle s'éleve au lieu
de s'abaisser ; mais comme l'anneau entoure
Saturne à la distance de cinquante-cinq mille
lieues, il en résulte que cet anneau, en forme
de bourrelet, a au moins cinq cents mille
lieues de circonférence. Sa courbure s'éleve
donc imperceptiblement. L'horison qui s'a-
baisse sur notre terre, paroît *plan* à l'œil
l'espace de quelques lieues; puis il s'éleve un
peu ; les objets diminuent, distincts d'abord,
ils finissent par se confondre : on apperçoit
plus que les masses ; enfin, cette terre s'éleve
dans le lointain à des distances énormes toujours en se *menuisant*; au point que cet anneau, par les illusions de l'optique , finit en
l'air , devient à l'œil de la largeur de notre
lune , et s'apperçoit à peine dans la partie qui
se trouve sur la tête de l'observateur ; car elle
est pour lui à plus du double de la distance
de la lune à la terre , c'est-à-dire , à deux
cent mille lieues à peu près.

J'omets les phénomenes multipliés que
produisent tous ces corps suspendus par leurs
éclipses respectives ; Shackerley les connoissoit sur la terre et les avoit bien jugés.

Leur ciel étoit comme le nôtre , nulle différence pour toutes les constellations; mais un nombre infini de cometes remplissoient l'espace immense et incalculable qui se trouvoit entre Saturne et les étoiles qu'on soupçonnoit les plus voisines.

Comme l'attraction du globe de Saturne balançoit en partie celle de l'anneau, la pesanteur y étoit très-diminuée; on y marchoit sans effort, et le moindre mouvement transportoit la masse; comme une personne qui se baigne et ne peut déplacer que le pareil volume d'eau qu'elle occupe, s'y meut par des impulsions insensibles.

Ainsi les corps pour se joindre ne faisoient que s'effleurer; ils s'approchoient sans pression, tout y étoit presque aérien; les sensations les plus délicates se perpétuoient sans émousser les organes. On conçoit que cette maniere d'être influoit beaucoup sur le moral des habitans de l'arc planétaire. Aussi l'une des merveilles qui surprit le plus Shackerley, ce fut la perfectibilité des êtres qui meubloient cet étrange anneau; ils jouissoient de beaucoup de sens qui nous sont inconnus ; la nature avoit fait de trop grandes avances dans l'appareil de tous ces grands corps, pour s'arrêter à cinq sens dans la composition de ceux

qu'elle avoit destinés à jouir de tous ces spec-
tacles.

Ici l'embarras de Shackerley devint énorme.
Il avoit assez de connoissances pour saisir et
tracer les grands effets de ces corps variés et
suspendus ; il échoua quand il voulut peindre
des êtres animés. Aussi ne trouve-t-on point
dans le manuscrit mozarabique toute la clarté,
tous les détails que l'on désireroit à cet égard.
Au moins les *Abbandonati* de Bologne , les
Resvegliati de Gênes , les *Addormentati* de
Gubio , les *Disingannati* de Venise , les *Adagiati* de Rimini , les *Furfurati* de Florence ,
les *Lunatici* de Naples , les *Caliginosi* d'Ancone , les *Insipidi* de Pérouse, les *Melancho-
lici* de Rome , les *Extravaganti* de Candie ,
les *Ebrii* de Syracuse , etc. etc. etc. qui tous
ont été consultés , ont renoncé à rendre la
traduction plus claire. Il est vrai que l'inqui-
sition civile et religieuse entrent peut être
pour quelque chose dans leur embarras.

Cependant il faut être juste ; rien n'est plus
difficile à donner que l'explication d'un sens qui
nous est étranger. On a des exemples d'aveu-
gles-nés qui , par le secours des sens qui leur
restoient , ont fait des miracles de cecité. Eh
bien ! l'un d'entr'eux, chymiste, musicien ;

apprenant à lire à son fils, ne peut pas trouver une autre définition du miroir que celle-ci ; « *C'est une machine par laquelle les choses* » *sont mises en relief hors d'elles-mêmes.* » Voyez combien cette définition, que les philosophes qui l'ont approfondie trouvent très-subtile et même surprenante (1) , est cependant absurde. Je ne connois point d'exemple plus propre à montrer l'impossibilité d'expliquer des sens dont on est dépourvu; et cependant toutes les affections et les qualités morales dérivent des sens; c'est par conséquent sur les observations qui leur sont relatives, que l'on pourroit uniquement fonder ce qu'il y auroit à dire sur le moral de ces êtres d'une espece si différente de la nôtre.

(1) En effet , comme le remarque l'illustre M. d'Alembert , d'après l'ingénieux et quelquefois sublime Diderot , quelle finesse d'idées n'a-t-il pas fallu pour parvenir ! L'aveugle n'a de connoissance que par le tact ; il sait qu'on ne peut voir son visage quoiqu'on puisse le toucher. « La vue » conclue-t-il , est donc une espece de tact qui ne s'étend » que sur les objets différens du visage et éloignés de nous.» Le tact ne lui donne en outre que l'idée du relief. Donc un miroir est *une machine qui nous met en relief hors de nous-mêmes.* Ces mots *en relief* ne sont pas de trop. Si l'aveugle disoit , *nous met hors de nous-mêmes ,* il diroit une absurdité de plus ; car comment concevoir une machine qui puisse

Au reste, il faut espérer que l'habitude où nos voyageurs et nos historiens nous ont mis de leur voir négliger ou même omettre ce qui n'a trait qu'aux mœurs, aux lois, aux coutumes, rendra nos lecteurs indulgens pour Shackerley, qui du moins a le passe-port d'une haute antiquité, sans lequel on ne voudroit peut-être pas croire un mot de ce qu'il a dit ; car il étoit pour ses contemporains, et à bien des égards il est encore pour nous, à peu près dans le cas d'un homme, qui n'auroit vu qu'un jour ou deux, et qui se trouveroit confondu chez un peuple d'aveugles; il faudroit certainement qu'il se tût, ou on le prendroit pour un fou, puisqu'il annonceroit une foule de mysteres, qui n'en seroient à la vérité que pour le peuple ; mais tant d'hommes sont *peuple*, et si peu sont philosophes, qu'il n'y a pas de sûreté à n'agir, à ne penser, à n'écrire que pour ceux-ci.

Shackerley a fait cependant quelques observations, dont voici les plus singulieres.

doubler un objet ! Le mot *relief* ne s'applique qu'à la surface ; ainsi nous mettre en relief hors de nous-mêmes, c'est mettre la représentation de la surface de notre corps hors de nous. Cette désignation est une énigme pour l'aveugle; mais on voit qu'il a cherché à diminuer l'énigme le plus qu'il étoit possible.

Il

Il s'apperçut que la mémoire dans les êtres de Saturne ne s'effaçoit point. Les pensées se communiquoient parmi eux sans paroles et sans signes. Point d'idiôme ; par conséquent rien d'écrit, rien de déposé ; et combien de portes fermées aux mensonges, aux erreurs ! Ces détails prodigieux, innombrables qui nous énervent, leur étoient inconnus. Ils avoient toutes les facilités possibles pour transmettre leurs idées, pour donner une rapidité inconcevable à leur exécution, pour hâter tous les progrès de leurs connoissances ; il sembloit que dans cette espece privilégiée tout s'exécutât par instinct et avec la célérité de l'éclair.

La mémoire retenant tout, la tradition se perpétuoit avec infiniment plus de fidélité, d'exactitude et de précision que par les moyens compliqués et infinis que nous accumulons, sans pouvoir atteindre à aucun genre de certitude.

Chaque corps a ses émanations ; elles sont en pure perte sur la terre : dans l'anneau elles formoient une atmosphere toujours agissante à des distances considérables ; et ces émanations dont Shackerley n'a pu donner une idée qu'en les comparant à ces atômes, qu'on distingue à l'aide du rayon solaire introduit dans la chambre obscure, ces émanations, dis-je, répondoient à toutes les houppes nerveuses du sentiment de l'individu. Semblables aux étamines des plantes, aux affinités chymiques, elles *s'élançoient* dans les émanations d'un autre individu, lorsque la sympathie s'y rencontroit ; ce qui comme on peut aisément le concevoir, multiplioit à l'infini des sensations dont nous ne pouvons nous former qu'une image très-infidelle. Elles rendoient, par exemple, les jouissances de deux amans semblables à celles d'Alphée, qui, pour jouir d'Aréthuse, que Diane venoit de changer en fontaine, se métamorphosa en fleuve, afin de s'unir plus intimément à son amante, en mêlant ses ondes avec les siennes.

Cette cohésion vive et presqu'infinie de tant de molécules sensibles, produisoit nécessairement dans ces êtres un esprit de vie que Shackerley exprime par un mot mozarabe, que l'académie des *Innamorati* a traduit par le mot *électrique*, quoique les phénomenes de l'electricité ne fussent point counus dans ces temps reculés.

Tout dans ces contrées abondoit sans culture, et tellement, que les propriétés y se-

rorent devenues à charge autant qu'inutiles.
On sent qu'où il n'y a point de propriété,
il y a bien peu d'occasions de disputes, d'i-
nimitiés, et que la plus parfaite égalité politique regne, à supposer même qu'il faille
à de tels êtres un systême politique. Je ne
conçois pas ce qui pourroit les troubler, puisque leurs besoins sont plutôt prévenus que
satisfaits, si la saveur du désir ne leur manque
point, et qu'ils n'aient rien à craindre du
poison de la satiété.

Dans l'anneau de Saturne, les connoissances
se transmettoient par l'air à des distances très-
considérables, par la même voie que se transmet la lumiere du soleil, laquelle nous vient,
comme on sait, en sept minutes. Une inspira-
tion ou un souffle différemment modifié suffisoit pour communiquer une pensée. Delà
résultoit un concours admirable dans les po-
pulations infinies, qui par cette intelligence,
cette harmonie universellement répandues dans
tout l'anneau, ne s'occupoient que de leur
bonheur commun, lequel n'étoit jamais en
contradiction avec celui d'aucun individu.

Ces êtres si surprenans, sur-tout pour les
hommes, jouissoient ainsi d'une paix éternelle
et d'un bien-être inaltérable. Les arts, qui ten-

dont au bonheur et à la conservation de l'espece , étoient aussi perfectionnés qu'il soit
possible de l'imaginer et même de le désirer;
et l'on n'y avoit pas la moindre idée de ces
arts destructeurs enfantés par la guerre. Ainsi
les habitans de l'anneau n'avoient point passé
par ces alternatives de raison et de démence ,
qui ont si prodigieusement mêlé nos sociétés
de bien et de mal. Les grands talens dans la
science funeste de faire celui-ci, loin d'être
admirés chez eux, n'y étoient pas même con-
nus. Les plaisirs stériles ou factices n'y ré-
gnoient pas plus que le faux honneur ; et
l'instinct de ces êtres fortunés leur avoit appris
sans effort ce que la triste expérience de tant
de siecles nous enseigne encore vainement;
je veux dire que la véritable gloire d'un être
intelligent est la science, et la paix son vrai
bonheur.

. Voilà ce qu'une lecture rapide m'a permis
de retenir du voyage de Shackerley, qu'Habacuc, à la fin de son voyage , reprit par les
cheveux, et déposa en Arabie, d'où il l'avoit
enlevé. Quand le développement et la traduction de ce précieux manuscrit seront achevés,
je me propose d'en donner à l'Europe savante
une édition non moins authentique que celle

des livres sacrés des Brames, que M. Anguetil a incontestablement rapportés des bords du Gange ; car j'ose me flatter de savoir presque aussi bien le *mozarabique qu'il sait le zend ou le pelhvi.*

L'ANÉLYTROÏDE.

LA Bible est sans contredit l'un des livres les plus anciens et les plus curieux qui existent sur la terre.

La plupart des objections sur lesquelles se fondent les personnes qui ne peuvent croire que Moyse ait été un interprète divin, me paroissent très-insuffisantes. Rien n'a été, par exemple, plus tourné en ridicule que la physique des livres saints, laquelle en effet paroît très-défectueuse. Mais on ne pense point à l'état de cette science dans les premiers âges, pour lesquels enfin il falloit que ce livre fût intelligible. La physique étoit alors ce qu'elle seroit encore, si l'homme n'eût jamais étudié la nature. Il voit le ciel comme une voûte d'azur, dans laquelle le soleil et la lune semblent être les astres les plus considérables; le premier produit toujours la lumiere du jour, et le second celle de la nuit. Il les voit paroître ou se lever d'un côté, et disparoître ou se coucher de l'autre, après avoir fourni leur course, et donné leur lumiere pendant un certain espace de temps. La mer semble de même couleur que la voûte azurée, et l'on croit qu'elle touche au ciel lorsqu'on la regarde de loin. Toutes les idées du peuple ne portent et ne peuvent porter que sur ces trois ou quatre notions ; et quelque fausses qu'elles soient, il falloit s'y conformer pour se mettre à sa portée.

Puisque la mer paroît dans le lointain se réunir au ciel, il étoit naturel d'imaginer qu'il existoit des eaux supérieures et des eaux inférieures, dont les unes remplissoient le ciel et les autres la mer ; et que pour soutenir les eaux supérieures, il existoit un firmament ; c'est-à-dire, un appui, une voûte solide et transparente, au travers de laquelle on appercevoit l'azur des eaux supérieures.

Voici maintenant ce que dit le texte de la Genese.

« Que le firmament soit fait au milieu des
» eaux, et qu'il sépare les eaux d'avec les
» eaux; et Dieu fit le firmament et sépara
» les eaux qui étoient sous le firmament de
» celles qui étoient au-dessus du firmament,
» et Dieu donna au firmament le nom de
» ciel.... Et à toutes les eaux rassemblées
» sous le firmament, le nom de mer ».

Il est évident que c'est à ces idées qu'il

faut rapporter , 1°. les cataractes du ciel, les portes , les fenêtres du firmament solide, qui s'ouvrirent , lorsqu'il fallut laisser tomber les eaux supérieures pour noyer la terre.

2°. L'origine commune des poissons et des oiseaux, les premiers produits par les eaux inférieures, les oiseaux par les eaux supérieures , parce qu'ils s'approchent dans leur vol de la voûte azurée , que le peuple n'imagine pas être élevée beaucoup plus que les nuages.

De même, ce peuple croit que les étoiles sont attachées à la voûte céleste comme des clous , plus petites que la lune , infiniment plus petites que le soleil. Il ne distingue les planetes des étoiles fixes que par le nom d'*errantes*. C'est sans doute par cette raison qu'il n'est fait aucune mention des planetes dans tout le récit de la création. Tout y est représenté relativement à l'*homme vulgaire* , auquel il ne s'agissoit pas de démontrer le vrai système de la nature, et qu'il suffisoit d'instruire de ce qu'il devoit à l'Etre suprême, en lui montrant ses productions comme bienfaits. Toutes les vérités sublimes de l'organisation du monde , si l'on peut parler ainsi , ne devoient paroître qu'avec le temps , et l'Etre souverain se les réservoit peut-être , comme le plus sûr moyen de rappeller l'homme à lui, lorsque sa foi, déclinant de siecle en siecle, seroit timide, chancelante et presque nulle ; lorsqu'éloigné de son origine, il finiroit par l'oublier ; lorsqu'accoutumé au grand spectacle de l'univers, il cesseroit d'en être touché, et oseroit en méconnoître l'auteur. Les grandes découvertes successives raffermissent, agrandissent l'idée de cet Etre infini dans l'esprit de l'homme. Chaque pas qu'on fait dans la nature produit cet effet, en rapprochant du créateur. Une vérité nouvelle devient un grand miracle, plus miracle, plus à la gloire du grand Etre, que ceux qu'on nous cite, parce que ceux-ci, lors même qu'on les admet, ne sont que des coups d'éclat que Dieu frappe immédiatement et rarement, au lieu que dans les autres il se sert de l'homme même pour découvrir et manifester ces merveilles incompréhensibles de la nature, qui, opérées *à tout instant*, exposées *en tout temps* et *pour tous les temps à sa contemplation*, doivent rappeller incessamment l'homme à son créateur, non seulement par le spectacle actuel, mais encore par ce développement successif.

Voilà ce que nos théologiens ignorans et vains devroient nous apprendre. Le grand

art est de lier toujours la science de la nature,
avec celle de la théologie, et non de faire
heurter sans cesse des choses saintes et la
raison, les croyans fideles et les philosophes.

Une des sources du discrédit où les livres
saints sont tombés, ce sont les interprétations
forcées, que notre amour-propre, si orgueil-
leux, si absurde, si rapproché de notre misere a voulu donner à tous les passages que
nous ne pouvons expliquer. Delà sont nés les
sens figurés, les idées singulieres et indécentes,
les pratiques superstitieuses, les coutumes bizarres, les décisions ridicules ou extravagantes
dont nous sommes inondés. Toutes les folies
humaines se sont étayées tour-à-tour des passages rebelles aux interpretes, qui s'évertuent,
s'obstinent, et ne doutent de rien; comme si
l'Etre suprême n'avoit pas pu donner à l'homme
des vérités, qu'il ne devoit connoître, savoir,
approfondir que dans les *siecles à venir*. Du
moment où vous admettez que la Bible est
faite pour l'univers, songez que l'on sait aujourd'hui bien des choses que l'on ignoroit il
y a quarante siecles, et que dans quatre mille
autres années, on saura des faits que nous
ignorons. Pourquoi donc vouloir juger par
anticipation ? Les connoissances sont gra-

duelles, et ne se développent que par une marche insensible, que les révolutions des empires et de la nature retardent ou rallentissent. Or l'intelligence de la Bible, qui existe depuis un si grand nombre de siecles, qu'il y a bien peu de choses à citer d'une aussi haute antiquité, demande peut-être encore un long période d'efforts et de recherches.

L'un des articles de la Genese qui a singuliérement aiguisé l'esprit humain, c'est le verset 27 du chapitre I.

« Dieu créa l'*homme* à son image; il *le* » créa mâle et femelle. »

Il est bien clair, il est bien évident que Dieu a créé Adam androgyne; car au verset suivant (verset 28), il dit à Adam; « Croissez » et multipliez-vous; remplissez la terre. »

Ceci fut opéré le sixieme jour; ce n'est que le septieme que Dieu créa la femme; ce que Dieu fit entre la création de l'homme et celle de la femme est immense. Il fit connoître à Adam tout ce qu'il avoit créé, animaux, plantes, etc. Tous les animaux comparurent devant Adam.

(1) « Adam les nomma tous : et le nom

____

(1) Chap. II , v. 19.

» qu'Adam donna à chacun des animaux est
» son nom véritable. »

(1) « Adam appella donc tous les animaux
» d'un nom qui leur étoit propre, tant les
» oiseaux que les bêtes , etc. »

Jusqu'ici la femme n'a point paru ; elle est incréée ; Adam est toujours hermaphrodite. Il a pu croître seul et se multiplier.

Et pour concevoir le temps pendant lequel Adam a pu réunir en lui les deux sexes , il suffit de réfléchir sur ce que peuvent être ces jours dont l'écriture parle ; ces six jours de la création, ce *septieme jour* du repos , etc.

On ne peut être que véritablement affligé , que presque tous nos théologiens , tous nos mangeurs d'images abusent de ce grand , de ce saint nom de Dieu ; on est blessé toutes les fois que l'homme le profane , et qu'il prostitue l'idée du premier Etre , en la substituant à celle du fantôme de ses opinions. Plus on pénetre dans le sein de la nature, et plus en respecte profondément son auteur ; mais un respect aveugle est superstition ; un respect éclairé est le seul qui convienne à la vraie religion ; et pour entendre sainement les premiers faits que l'interprete divin nous a trans-

(1) Ibid. , v. 20.

mis , il faut, ainsi que l'observe l'éloquent Buffon , recueillir avec soin ces rayons échappés de la lumiere céleste. Loin d'offusquer la vérité, ils ne peuvent qu'y ajouter un nouveau degré de splendeur.

Cela posé, que peut-on entendre par les six jours que Moyse désigne si précisément, en les comptant les uns après les autres, sinon *six espaces de temps*, six *intervalles* de durée ? Ces espaces de temps marqués par le nom de *jours*, faute d'autres expressions , ne peuvent avoir aucun rapport avec nos jours actuels, puisqu'il s'est passé successivement trois de *ces jours* avant que le soleil ait été créé. Ces jours n'étoient donc pas semblables aux nôtres ; et Moyse l'indique clairement en les comptant du *soir au matin ;* au lieu que les jours solaires se comptent et doivent se compter du *matin au soir*. Ces six jours n'étoient donc ni semblables aux nôtres, ni égaux entre eux ; ils étoient proportionnés à l'ouvrage. Ce ne sont donc que *six espaces de temps*. Donc Adam ayant été créé hermaphrodite le sixieme jour, et la femme n'ayant été produite qu'à *la fin du septieme*, Adam a pu procréer en lui-même, et par lui-même, tout le temps qu'il a plu à Dieu de placer entre ces deux époques.

Cet état d'androgynéïté n'a pas été inconnu aux philosophes du paganisme, à ses mytho-logues, ni aux rabbins. Ceux-ci ont prétendu qu'Adam fut créé homme d'un côté, femme de l'autre, composé de deux corps que Dieu ne fit que séparer. Ceux-là, comme Platon, l'ont fait de figure ronde, d'une force extraor-dinaire ; aussi la race qui en provint, voulut déclarer la guerre aux dieux. — Jupiter irrité les voulut détruire. — Mais il se contenta d'affoiblir l'homme en le dédoublant, et Apollon étendit la peau qu'il noua au nombril... Delà le penchant qui entraîne un sexe vers l'autre par l'ardeur qu'ont les deux moitiés pour se rejoindre, et l'inconstance humaine, par la difficulté qu'a chaque moitié de rencontrer sa correspondance. Une femme nous paroît-elle aimable ? nous la prenons pour cette moitié avec laquelle nous n'eussions fait qu'un tout ; le cœur nous dit : la voilà, c'est elle ; mais à l'épreuve, hélas ! trop souvent ce ne l'est point.

C'est sans doute d'après quelques-unes de ces idées que les Basitiliens et les Carpocra-tiens prétendirent que nous naissions dans l'état de nature innocente, tels qu'Adam au moment de la création, et par conséquent devant imiter sa nudité. Ils détestoient le mariage, soutenoient que l'union conjugale n'auroit jamais eu lieu sur la terre sans le péché ; regardoient la jouissance des femmes en commun comme un privilége de leur rétablissement dans la justice originelle, et pratiquoient leurs dogmes dans un superbe temple souterrain, échauffé par des poëles, dans lequel ils entroient tout nuds, hommes et femmes; là , tout leur étoit permis, jusqu'aux unions que nous nommons adultere et inceste, dès que l'ancien ou le chef de leur société avoit prononcé ces paroles de la Genese ; *Croissez et multipliez.*

Tranchelin renouvella cette secte dans le douzieme siecle ; il prêchoit ouvertement que la fornication et l'adultere étoient des actions méritoires ; et les plus fameux d'entre ces sectaires furent appellés les *Turlupins* en Savoie. Plusieurs savans font remonter l'origine de ces sectes à Muacha , mere d'Asa, roi de Juda, grande-prêtresse de Priape : c'est dater de loin , comme on voit.

Cette double vertu d'Adam paroît avoir encore été indiquée dans la fable de Narcisse qui, épris de l'amour de lui-même, veut jouir de son image, et finit par s'assoupir en échouant à l'ouvrage (1).

Tous ces doutes, toutes ces recherches sur les jouissances contre notre nature actuelle, ont donné lieu à une grande question; à savoir : *an imperforata mulier possit concipere ?* « Si une fille imperforée peut se marier ? »

On conçoit que les PP. Cucufe et Tournemine, savans jésuites, ont approfondi cette question, et qu'ils ont été pour l'affirmative ; l'œuvre de Dieu, disent-ils, ne peut en aucun cas exister d'une maniere contraire aux fins de la nature ; une fille privée de la vulve en apparence, doit donc trouver dans l'anus des ressources pour remplir le vœu de la réproduction, la premiere et la plus inséparable des fonctions de notre existence.

Cucufe et Tournemine ont été attaqués ; cela devoit être ; mais le savant Sanchez, espagnol, qui a étudié trente ans de sa vie ces questions, *assis sur un siége de marbre,* qui ne mangeoit jamais ni poivre, ni sel,

______

(1) Telle est l'origine même du mot de *Narcisse,* lequel vient de Ναρκη (narcé), *assoupissement ;* de là le narcisse est la fleur chérie des divinités infernales ; de là vient aussi que l'on offroit anciennement les guirlandes de narcisse aux furies, parce qu'elles engourdissoient, *assoupissoient* les scélérats.

ni

ni vinaigre , et qui , quand il étoit à table pour dîner , tenoit toujours ses pieds en l'air , Sanchez (1) a défendu ses confreres avec une éloquence dont on ne croiroit pas une pareille matiere susceptible. Néanmoins la jalousie contre les jésuites a été si puissante, que les papes ont fait un cas réservé aux jeunes filles qui tenteroient cette voie faute d'autres ; jusqu'à ce que Benoît XIV , éclairé par les découvertes de la faculté de chirurgie de Paris , a levé le cas réservé , et permis l'usage de la *parte-poste* dans le sens des peres Cucufe et Tournemine.

En effet, M. Louis , secrétaire perpétuel de l'académie de chirurgie , a soutenu en 1755 , la question sur les bancs ; il a prouvé que les anélytroïdes pouvoient concevoir ; et des faits consignés dans sa these , imprimée avec privilége , le démontrent. Malgré cette authenticité , le parlement ne manqua pas de dénoncer la these de M. Louis , comme con-

(1) *Salem , piper, acorem respuebat. Mensæ vero accumbebat alternis semper pedibus sublatis.* Voyez *Elogium Thom. Sanchez* , imprimé à la tête de l'ouvrage *De matrimonio* , à Anvers , chez Murss , 1652 , *in-folio*. Et si vous voulez avoir une idée des édifiantes questions qu'a agitées ce théologien , et bien d'autres , cherchez la vingt-unieme de son second livre.

C

traire aux bonnes mœurs. Il fallut que ce grand et non moins ingénieux et malin chirurgien recourût aux casuistes à la Sorbonne ; alors il montra facilement que le parlement prononçoit sur une question qui n'est pas plus de sa compétence, que l'émétique. Et le parlement ne donna aucune suite à la dénonciation.

Il est résulté de tout cela une vérité très-importante pour la propagation de l'espece humaine, et non moins singuliere pour le commun des lecteurs ; c'est que beaucoup de jeunes femmes stériles sont autorisées, et doivent même en conscience tenter les deux voies, jusqu'à ce qu'elles se soient assurées de la véritable route que le créateur a mise en elles.

L'ISCHA.

Marie Schurmann a proposé ce problême : *L'étude des lettres convient-elle à une femme ?*

Schurmann soutient l'affirmative, veut que la femme n'excepte aucune science, pas même la théologie, et prétend que le beau sexe doit embrasser la science universelle, parce que l'étude donne une sagesse qu'on n'achete point par les secours dangereux de l'expérience ; et que lors même qu'il en coûteroit quelque chose à l'innocence, il seroit à propos de passer par-dessus de certaines réserves, en faveur de cette prudence précoce, qui d'ailleurs se trouvera secondée par l'étude, dont les méditations affoiblissent ou redressent les penchans vicieux, et diminuent le danger des occasions.

L'éducation des femmes est si négligée chez tous les peuples, même chez ceux qui passent pour les plus policés, qu'il est bien étonnant qu'on en compte un aussi grand nombre de célebres par leur érudition et leurs ouvrages. Depuis le livre des femmes illustres de Bocace jusqu'aux énormes *in-4°*. du mínime Hilarion Coste, nous avons en ce genre un grand nombre de nomenclatures ; et Wolf a donné un catalogue des femmes célebres à la suite des fragmens des illustres Grecques, qui ont écrit en prose (1). Les Juifs, les Grecs, les Romains , tous les peuples de d'Europe moderne ont eu des femmes savantes.

Il est donc étonnant que divers préjugés contre la perfectibilité des femmes se soient établis sur le prétendu rapport de *l'excellence de l'homme sur la femme*. Plus on approfondit ce fait ci singulier (car il l'est infiniment que l'objet de l'adoration des hommes soit partout leur esclave) , plus on remarque qu'il est principalement fondé sur le droit du plus fort, l'influence des systêmes politiques, et sur-tout celle des religions ; car le christianisme est la seule qui conserve à la femme d'une maniere nette et précise , tous les droits de l'égalité.

Je n'ai nulle envie de recommencer les discussions que Pozzo a peu galamment ap-

______

(1) Il a publié séparément les fragmens de Sapho , et les éloges qu'elle a reçus.

pellées *paradoxes* dans son ouvrage intitulé :
La femme meilleure que l'homme. Mais il est
si naturel , quand on considere le prix de
ce don du ciel qu'on appelle la beauté , de
se pénétrer de cette vive et touchante image ,
qu'on en devînt bientôt enthousiaste : et lorsqu'on lit ensuite les livres saints , on n'est
plus étonné que la femme soit le complé-
ment des œuvres de Dieu ; qu'il ne l'ait
produite qu'après tout ce qui existe ; comme
s'il avoit voulu annoncer qu'il alloit clorre
son ouvrage sublime par le chef-d'œuvre de
la création. C'est dans ce point de vue , plus
religieux que philosophique peut-être , que
je veux considérer la femme.

Ce n'est pas avec impétuosité que l'univers a été créé. Il a été fait à plusieurs fois ,
afin que son merveilleux ensemble prouvât
que si la volonté seule du grand Être étoit
la regle , il étoit le maître de la matiere , du
temps , de l'action , et de l'entreprise. L'éternel Géomettre agit sans nécessité , comme sans
besoin ; il n'est jamais ni contraint , ni em-
barassé. On voit , pendant les six espaces de
la création , qu'il tourne , façonne , meut la
matiere sans peine , sans efforts ; et quand
une chose dépend d'une autre , quand , par

exemple ; la naissance et l'accroissement des plantes dépendent de la chaleur du soleil , ce n'est que pour indiquer la liaison de toutes les parties de l'univers , et développer sa sagesse par ce merveilleux enchaînement.

Mais tout ce qu'enseigne la Bible sur la création de l'univers , n'est rien en comparaison de ce qu'elle dit sur la production du premier être raisonnable. Jusqu'ici tout a été fait à commandement ; mais quand il s'agit de créer l'homme , le systême change , et le langage avec lui. Ce n'est plus cette parole impérieuse et subite ; c'est une parole plus réfléchie et plus douce , quoique non moins efficace ; Dieu tient un conseil en lui-même , comme pour faire voir qu'il va produire un ouvrage qui surpassera tout ce qu'il a créé jusqu'alors. *Faisons l'homme* , dit-il. Il est évident que Dieu parle à lui-même. C'est une chose inouie dans toute la Bible , qu'aucun autre que Dieu ait parlé de lui-même en nombre pluriel : *Faisons*. Dans toute l'écriture , Dieu ne parle ainsi que deux ou trois fois ; et ce langage extraordinaire ne commence à paroître que lorsqu'il s'agit de l'homme.

Cette création faite, il se passe un temps considérable avant que ce nouvel être, à double sexe, reçoive le souffle de vie ; ce n'est qu'à la septieme époque. Adam a existé long-temps dans l'état de pure nature, et n'ayant que l'instinct des animaux; mais quand le souffle lui fut inspiré, Adam se trouvant le roi de la terre, il usa de sa raison, et *nomma toutes choses.*

Voilà donc deux créations bien distinctes, celle de l'homme, celle de son esprit, et c'est ici seulement que paroît la femme. Elle n'est pas créée du néant comme tout ce qui a précédé ; elle sort de ce qui existoit de plus parfait ; il ne restoit plus rien à créer; Dieu extrait d'Adam le plus pur de son essence, pour embellir la terre de l'être le plus parfait qui eût encore paru, de celui qui complétoit l'œuvre sublime de la création.

Le mot dont le législateur hébreu se sert pour exprimer cet être, revient à *virago* (1), que le françois ne peut pas traduire, que le mot *femme* n'exprime point, et qui ne peut se sentir que par l'idée de *puissance de l'homme.* Car *vir* signifie homme, et *ago*

(1) Gen. chap. II , v. 23.

j'agis. Autrefois on disoit *vira* (1) et non *virago*. Mais les Septante ont prétendu que par le mot *vira* le sens de l'hébreu n'étoit pas rendu, ils ont ajouté *ago* (2).

Je ne m'étonne donc point que Schurmann releve autant la condition du beau sexe, et s'indigne contre les sectes qui la dépriment. La parabole dont l'écriture se sert en formant la femme de la côte d'Adam, n'a d'autre objet que celui de montrer que cette nouvelle créature ne fera qu'un avec la personne de son mari, qu'elle est son ame et son tout. La tyrannie du sexe fort a pu seule altérer ces notions d'égalité.

Ces notions furent bien distinctes dans le paganisme, puisque les anciens associerent les deux sexes à la divinité : voilà ce qui est bien constaté indépendamment de tout système sur la mythologie. Si les payens mettoient l'homme dès le moment de sa naissance sous la garde de la puissance, de la fortune, de l'amour et de la nécessité ; car c'est-là ce que veulent *Dynamis*, *Tyché*, *Eros*, et *Ananché* ; ce n'étoit probablement qu'une allégorie ingénieuse pour exprimer

(1) Vira de vir.

(2) L'allemand a conservé l'ancien rit dans *mânnin*, qui vient de *mann*. *Mânnin* est le *vira* et non le *virago*. *Man Wird sie mânnin heissen.* (Genes. II, vers. 23.)

notre condition ; car nous passons notre vie
à commander, à obéir, à désirer, et à poursuivre. Autrement, c'eût été confier l'homme
à des guides bien extravagans ; car la puissance est la mere des injustices, la fortune
celle des caprices ; la nécessité produit les
forfaits, et l'amour est rarement d'accord avec
la raison.

Mais quelque enveloppés que puissent être
les dogmes du paganisme, il n'y a point de
doute sur la réalité du culte des divinités
principales, et celui de Junon, femme et
sœur du maître des dieux, fut un des plus
universels et des plus révérés. Cette épithete
de *femme* et de *sœur* montré assez sa toute-
puissance : celle qui donne les loix peut les
enfreindre ; ce secret célebre et non moins
commode de recouvrer sa virginité en se
baignant dans la fontaine Canathus au Pélo-
ponese, étoit une preuve des plus frappantes
de ce pouvoir qui légitime tout chez les
dieux, comme chez les hommes. Le tableau
des vengeances de Junon, exposé sans cesse
sur les théâtres, propageoit la terreur qu'inspiroit cette formidable déesse. L'Europe,
l'Asie, l'Afrique, les peuples barbares (1)

____

(1) Elle étoit particuliérement honorée dans les Gaules
et dans la Germanie, sous le titre de **Déesse mere**.

comme les policés , l'honorerent et la crai-
gnirent à l'envi. On la regardoit comme une
reine ambitieuse , fiere , jalouse , partageant le
gouvernement du monde avec son époux ,
assistant à tous ses conseils , et redoutée de
lui-même.

Un hommage si universel, qui n'est pas sans
doute le plus flatteur que l'on ait rendu à la
beauté faite pour séduire et non pour effrayer ,
prouve du moins que dans les idées des premiers hommes le trône du monde fut partagé entre les deux sexes (1). Un écrivain
illustre , du siecle passé , a été plus loin ; il
n'a pas fait difficulté de dire que cette préé-
minence de Junon sur les autres dieux étoit
la véritable source d'où provenoient les excès
d'adoration où des chrétiens sont tombés envers la sainte Vierge. Erasme lui-même a
prétendu que la coutume de saluer la Vierge
en chaire , après l'exorde du sermon , venoit

______

(1) On retrouveroit dans l'antiquité beaucoup d'usages
qui confirmeroient cette opinion. A Lacédémone , par
exemple, quand on alloit consommer le mariage, la femme
mettoit un habit d'homme , parce que c'est la femme qui
met les hommes au monde.

En Egypte , dans les contrats de mariage entre souverains,
la femme avoit l'autorité du mari (Diod. de Sicil. liv. I, chap.
XXVII.) , etc , etc.

des anciens. En général, les hommes cherchent à joindre aux idées spirituelles du culte des idées sensibles qui les flattent, et qui bientôt après étouffent les premieres. Ils rapportent, et sont bien forcés de rapporter tout à leurs idées, puisqu'ils ne peuvent saisir qu'en raison de ses idées ; or ils savent qu'en tout pays on ne tire de la bouche et de l'affection des rois rien autre chose que ce qu'ont résolu leurs ministres ; ils croient Dieu bon, mais mené, et envisagent la cour céleste sur le modele des autres. De-là le culte de la Vierge bien plus approprié à l'esprit humain que celui du grand Etre, aussi inexplicable qu'incompréhensible.

Aussi lorsque le peuple d'Ephese eut appris que les peres du concile avoient décidé que l'on pourroit appeller la Vierge *sainte*, il fut transporté de joie. Dès-lors on rendit à la mere de Dieu des hommages singuliers ; toutes les aumônes furent pour elle, et Jesus-Christ n'eut plus d'offrandes. Cette ferveur n'a jamais cessé entiérement. Il y a en France trente-trois cathédrales dédiées à la Vierge, et trois métropolitaines. Louis XIII lui consacra sa personne, sa famille, son royaume. A la naissance de Louis XIV il envoya le poids de l'enfant en or à Notre-Dame de Lorette, qu'on peut, sans impiété, croire s'être très-peu mêlée de la grossesse d'Anne d'Autriche.

Quelque chose de plus singulier que tout cela, c'est que dans le second siecle de l'église on fit le Saint-Esprit du sexe féminin. En effet, *rouats touach*, qui en hébreu veut dire *esprit*, est féminin, et ceux qui furent de ce sentiment s'appelloient les *Eliésaïtes*.

Sans donner aucun prix à cette opinion erronée, je remarquerai que les Juifs n'ont jamais eu d'idée du mystere de la Trinité. Les apôtres même ont été fortement persuadés du dogme de l'unité de Dieu sans modifications ; ce n'est que dans les derniers momens que Jesus-Christ leur a révélé ce mystere. Or, quand Dieu a voulu envoyer sur la terre l'une des trois personnes de la Trinité, il pouvoit l'envoyer sans l'incarner ; il pouvoit envoyer la personne du Pere, ou du Saint-Esprit, comme du Fils ; il pouvoit l'incarner dans un homme comme dans une fille. Le choix divin semble une forte de préférence ou d'attention pour la femme. Jesus-Christ a eu une mere, il n'a point eu

de pere ; la premiere personne à qui il parla
fut la Samaritaine ; la premiere personne à
laquelle il se montra après sa résurrection fut
Marie-Magdelaine, etc. Enfin, le Sauveur a
toujours eu pour les femmes une prédilec-
tion bien honorable à leur sexe.

Mais l'hommage vraiment flatteur pour lui,
l'invention vraiment utile pour les sociétés,
seroit que l'on trouvât les moyens les plus
propres à rendre la beauté la récompense
de la vertu, à l'en animer elle-même, pour
que tous les hommes fussent excités à faire
le bien de leurs freres, et par les plaisirs de
l'ame et par ceux des sens ; pour que toutes
les facultés dont l'Etre suprême a doué notre
espece, concourussent à nous faire aimer ses
justes et bienfaisantes loix. Il n'est pas absolument impossible d'arriver un jour à ce but,
si vivement désiré par le patriotisme, par la
sagesse, par la raison ; mais, Dieu ! combien
nous en sommes loin encore !

LA TOPROÏDE.

LA dépravation des mœurs, la corruption du cœur humain, les égaremens de l'esprit de l'homme sont des textes tellement rebattus par nos rigoristes, que l'on croiroit que le siecle actuel est l'abomination de la désolation; car la langue françoise ne fournit aucune expression énergique que nos sermoneurs ne nous prodiguent. Cependant si l'on veut jeter un coup-d'œil impartial sur les siecles passés, sur ceux-là même qu'on nous offre pour modeles, je doute que l'on trouve beaucoup à regretter. Nos manieres et nos mœurs, par exemple, valent bien celles du peuple de Dieu; et je ne sais ce que diroient nos déclamateurs, s'ils voyoient parmi nous une corruption aussi sale que celle qui se rapproche du beau siecle des patriarches.

Je veux que les loix de Moyse aient été sages, justes, bienfaisantes; mais ces loix assises sur le tabernacle, et dont le but paroît avoir été de lier la société des Hébreux entr'eux par la société de l'homme avec Dieu, prouvent invinciblement que ce peuple élu, chéri, préféré, étoit bien plus infirme que tout autre , comme nous le montrerons dans la suite de cet article.

On ne réfléchit point assez que tout est relatif. Aucun établissement ne peut marcher selon l'esprit de son institution , s'il n'est dirigé par la loi du devoir , qui n'est autre chose que le sentiment de ce devoir. Le véritable ressort de l'autorité est dans l'opinion , et dans le cœur des sujets ; d'où il suit que rien ne peut suppléer aux mœurs pour le maintien du gouvernement ; il n'y a que les gens de bien qui sachent administrer les loix ; mais il n'y a que les honnêtes gens qui sachent véritablement leur obéir. Car outre qu'il est très-facile de les éluder , outre que ceux dont elles sont l'unique conscience sont très-loin de la vertu et même de la probité , celui qui brave les remords, sait braver les supplices , châtiment bien moins long que le premier, auquel on peut d'ailleurs toujours espérer d'échapper. Mais quand l'espoir de l'impunité suffit pour encourager à enfreindre la loi , ou quand on est content pourvu qu'on l'ait éludée , l'intérêt général n'est plus celui de personne , et tous les intérêts particuliers se réunissent contre lui ; les vices ont alors infiniment plus de force pour énerver

les loix , que les loix pour réprimer les vices.
On finit par n'obéir au législateur qu'en apparence. A cette époque , les meilleures loix
sont les plus funestes , puisque si elles n'exis-
toient pas , elles seroient une ressource que
l'on auroit encore. Foible ressource cependant ! car les loix plus multipliées sont plus
méprisées , et de nouveaux surveillans deviennent autant de nouveaux infracteurs.

L'influence des loix est donc toujours pro-
portionnelle à celle des mœurs ; c'est une vérité connue et incontestable ; mais ce mot de
mœurs est bien vague , et demanderoit une
définition.

Les mœurs sont et doivent être très-va-
riables d'une contrée à l'autre , absolument
relatives à l'esprit national et à la nature du
gouvernement. Le caractere des administra-
teurs y influe beaucoup aussi , et c'est dans
tous ces rapports qu'il faut les envisager. Si
le prix de la vertu , par exemple , est celui
du brigandage ; si les hommes vils sont ac-
crédités , les dignités prostituées , le pouvoir
ravalé par ses dispensateurs , les honneurs
déshonorés , il est certain que la contagion
gagnera tous les jours, que le peuple s'écriera
en gémissant : *mes maux ne viennent que de*

ceux

ceux que je paie pour m'en garantir ; et que pour s'étourdir il se précipitera dans la corruption que l'on provoquera de toutes parts pour étouffer ses murmures.

Si au contraire les dépositaires de l'autorité dédaignent l'art ténébreux de la corruption , n'attendent leurs succès que de leurs efforts, et la faveur publique que de leurs succès , les mœurs seront bonnes , et suppléeront au génie du chef ; car plus *l'esprit public* a de ressorts , et moins les talens sont nécessaires. L'ambition même est mieux servie par le devoir que par l'usurpation , et le peuple , convaincu que ces chefs ne travaillent que pour son bonheur , les dispense par sa docilité de travailler à l'affermissement du pouvoir.

J'ai dit que les mœurs devoient être relatives à la nature du gouvernement ; c'est donc encore sous ce point de vue qu'il en faut juger. En effet , dans une république qui ne peut subsister que par l'économie , la simplicité , la frugalité , la tolérance , l'esprit d'ordre , d'intérêt , d'avarice même, doit dominer , et l'état sera en danger , lorsque le luxe viendra polir et corrompre les mœurs.

Dans une monarchie limitée , au contraire , la liberté sera regardée comme un si grand

D

bien, et comme un bien toujours si menacé, que toute guerre, toute opération entreprise pour la soutenir, pour étendre ou défendre la gloire nationale, ne trouvera que peu de contradicteurs. Le peuple sera fier, généreux, opiniâtre ; et la débauche et le luxe le plus effréné n'énerveront pas l'esprit public.

Dans une monarchie très-absolue, qui seroit le plus sévere, le plus complet des despotismes, si le beau sexe n'y donnoit pas le ton, la galanterie, le goût de tous les plaisirs, de toutes les frivolités est tout naturellement et sans danger le caractere national ; et les déclamations vagues sur ces imperfections morales sont vides de sens.

Ceci posé, examinons rapidement si nos mœurs, et quelques-uns de nos usages, comparés avec ceux de plusieurs grands peuples, doivent paroître si détestables (1).

On voit au premier coup-d'œil dans le lévitique, à quel degré le peuple juif étoit corrompu. On sait que ce mot *Lévitique* vient de *Lévi*, qui étoit le nom de la tribu séparée des autres, comme étant spécialement consacrée au culte ; d'où sont venus les lévi-

______

(1) On verra ci-après dans la *Linguan-manie* de choses plus frappantes encore que les mœurs du peuple de Dieu que nous allons exposer.

tes ou prêtres , et l'habillement d'aujourd'hui qui porte ce nom , sans être un monument bien authentique de notre piété. Moyse traite dans ce livre des consécrations, des sacrifices, de l'impureté du peuple , du culte , des vœux, etc.

J'observerai en passant que la forme de consécration chez les Hébreux étoit singuliere. Moyse fit son frere Aaron grand-prêtre. Pour cet effet, il égorgea un bélier , trempa son doigt dans le sang, en mit sur l'extrémité de l'oreille droite d'Aaron et sur ses pouces droits. Si l'on voyoit aujourd'hui le cardinal de Rohan consacrer dans la chapelle l'évêque de Senlis , et lui porter avec le doigt du sang tout chaud sur le bout de l'oreille (1) , on ne pourroit guere s'empêcher de se rappeller la gravure de l'abbé Dubois sous la régence ; on le voyoit à genoux aux pieds d'une fille qui prenoit de ce sale écoulement qui afflige les femmes tous les mois , pour lui en rougir la callote, et le faire cardinal.

Tout le chapitre XV du lévitique ne roule que sur la gonorrhée à laquelle les Hébreux étoient forts sujets. La gonorrhée et la lepre n'étoient pas leurs moins désagréables impu-

(1) Lev. chap. VIII, v. 24.

retés ; et ils en avoient assez de réelles, sans en créer tant d'imaginaires. Par exemple , une femme étoit plus impure pour avoir mis au monde une fille plutôt qu'un garçon (1). Voilà une singularité aussi peu raisonnable que bizarre.

Les Hébreux forniquoient avec les démons sous la forme des chèvres (2) ; ces démons mal appris usoient là d'une vilaine métamorphose.

Un fils couchoit avec sa mere , et prêtoit *main-forte* à son pere (3). Nous ne portons pas encore à ce degré l'amour filial. Un frere voyoit sans scrupule sa sœur dans la plus profonde intimité (4).

Un grand - pere habitoit avec sa petite-fille (5) ; ce qui n'étoit pas très-anacréontique.

On couchoit avec sa tante (6) , avec sa bru (7) , avec sa belle-sœur (8) ; ce n'étoit - là que peccadilles ; enfin, on jouissoit de sa propre fille (9).

(1) Lév. chap. XII , v. 5.
(2) Ibid. chap. XVII, v. 7.
(3) Idem , chap. XVIII , v. 7.
(4) Id. v. 9. (5) Id. v. 10. (6) Id. v. 12. (7) Id. v. 15.
(8) Id. v. 16.
(9) Lév. v. 17.

(53)

Les hommes se polluoient devant la statue de Moloch (1), puis on trouva que cette semence inanimée n'étoit pas digne de la statue ; on finit par lui offrir en sacrifice l'enfant tout venu.

Les hommes se servoient de femmes entre eux (2) comme les pages du régent.

Ils usoient de toutes les bêtes (3), et le beau-sexe se faisoit servir par les ânes, les mulets, etc. (4). Ce qui étoit d'autant plus malhonnête que l'on paroissoit avoir formé la tribu des prêtres de manière à intéresser les femmes mal pourvues. On ne recevoit point lévites les boiteux, les bossus, les chassieux, les lépreux ; ceux qui avoient le nez trop petit, tort, etc. ; il falloit un beau nez. (5).

On voit par cette échantillon ce qu'étoient les mœurs du peuple de Dieu ; il est certain qu'on ne peut les comparer à nos manieres. Mais il ne me paroît pas que d'après cette

(1) Ibid. v. 21. *De semine tuo non dabis idolo Moloch ;* et chap. XX, v. 3 : *Qui polluerit sanctuarium.*

(2) Id. ch. XVIII, v. 22. *Cum masculo coïtu femineo.*

(3) Id. v. 23. *Omni pecore.*

(4) *Mulier jumento.* Et l'on sait que dans l'écriture sainte *jumentum* veut dire *bêtes d'aide : adjuvantes*, d'où jument.

(5) Lév. chap. XXI, v. 18.

D 3

esquisse d'un parallele, qu'on pourroit pousser beaucoup plus loin, il y ait tant à se récrier sur ce qui se passe de nos jours.

Les esprits forts ne sont guere moins exagérateurs en parlant de nos coutumes superstitieuses, que les prédicateurs en invectivant contre nos vices. Nous avons le triste avantage de n'avoir été surpassés par aucune nation dans les fureurs du fanatisme ; mais les délires de la superstition ont été portés plus loin dans d'autres religions.

On ne voit pas chez nous de contemplatifs, qui sur une natte attendent en l'air que la lumiere céleste viennent investir leur ame. On ne voit point d'énergumenes prosternés qui frappent du front contre terre pour en faire sortir l'abondance ; de pénitens immobiles et muets comme la statue devant laquelle ils s'humilient. On n'y voit point étaler ce que la pudeur cache, sous le prétexte que Dieu ne rougit pas de sa ressemblance ; ou se voiler jusqu'au visage, comme si l'ouvrier avoit horreur de son ouvrage ; nous ne tournons point le dos au midi, à cause du vent du démon ; nous n'étendons pas les bras à l'orient, pour y découvrir la face rayonnante de la divinité ; nous n'ap-

percevons pas, du moins en public, de
jeunes filles en pleurs meurtrir leurs attraits
innocens, pour appaiser la concupiscence,
par des moyens qui le plus souvent la provoquent ; d'autres, étalant leurs plus secrets
appas, attendre et solliciter, dans la posture
la plus voluptueuse, les approches de la divinité ; de jeunes hommes, pour amortir leurs
sens, s'attacher aux parties naturelles un anneau proportionné à leurs forces ; quelques-
uns arrêter la tentation par l'opération d'O-
rigene, et suspendre à l'autel les dépouilles
de cet horrible sacrifice. . . . . . Nous sommes
assurément bien éloignés de tous ces écarts.

Que diroient nos déclamateurs, si des bois
sacrés plantés auprès de nos églises comme
autour de leurs temples, étoient le théâtre
de toutes les débauches ? Si l'on obligeoit
nos femmes à se prostituer, au moins une
fois, en l'honneur de la divinité ? Et l'on
peut juger si la dévotion naturelle au beau
sexe lui permettoit, au temps où c'étoit la
coutume, de s'en tenir là.

Saint Augustin rapporte, dans sa Cité de
Dieu (1), que l'on voyoit au capitole des
femmes qui se destinoient aux plaisirs de la

(1) Liv. VI, chap. IX.

divinité dont elles devenoient communément enceintes ; il se peut que chez nous aussi plus d'un prêtre desserve plus d'un autel ; mais du moins, il ne se déguise pas en Dieu. L'illustre pere de l'église que je viens de citer ajoute, dans le même ouvrage, plusieurs détails qui prouvent, que si la religion couvre chez les modernes bien des séductions, le culte des anciens n'étoit pas du moins aussi décent que le nôtre. En Italie, dit-il, et sur-tout à Lavinium, dans les fêtes de Bacchus, on portoit en procession des membre virils, sur lesquels la matrone la plus respectable mettoit une couronne. Les fêtes d'Isis étoient tout aussi décentes.

Saint Augustin donne au même endroit une longue énumération des divinités qui présidoient au mariage. Quand la fille avoit engagé sa foi, les matrones la conduisoient au dieu Priape, dont on connoît les propriétés surnaturelles ; on faisoit asseoir la jeune mariée sur le membre énorme du dieu ; là, on ôtoit sa ceinture, et l'on invoquoit la déesse, *Virginiensis*. Le dieu *Subigus* soumettoit la fille aux transports du mari. La déesse *Prema* la contenoit sous lui pour empêcher qu'elle ne remuât trop. (On voit que tout étoit prévu , et que les filles romaines étoient bien disposées.) Enfin venoit la déesse *Pertunda* , ce qui revient à Perforatrice , dont l'emploi , dit S. Augustin , étoit d'ouvrir à l'homme le sentier de la volupté. Heureusement cette fonction étoit donnée à une divinité femelle ; car , comme le remarque très-judicieusement l'évêque d'Hippone , le mari n'auroit pas souffert volontiers qu'un dieu lui rendît ce service , et qu'il lui donnât du secours dans un endroit où trop souvent il n'en a pas besoin.

Encore une fois , nos coutumes sont-elles moins décentes que celles-là ? Et pourquoi exagérer nos torts et nos foiblesses ? Pourquoi porter la terreur dans l'ame de jeunes filles , et la méfiance dans celle des maris ? Ne vaut-il pas mieux tout adoucir , tout concilier ? Ces bons casuistes sont plus accommodans que cela. Lisez entre tant d'autres le jésuite Filliutius , qui a discuté avec une extrême sagacité jusqu'à quel degré peuvent se porter les attouchemens voluptueux , sans devenir criminels. Il décide , par exemple , qu'un mari a beaucoup moins à se plaindre lorsque sa femme s'abandonne à un étranger d'une maniere contraire à la nature , que quand elle commet simplement avec lui un adultere, et fait le péché comme Dieu le commande ; *parce que*, dit Filliutius, *de la premiere façon on ne touche pas au vase légitime sur lequel seul l'époux a des droits exclusifs*..... O qu'un esprit de paix est un précieux don du ciel !

LE THALABA.

Un des plus beaux monumens de la sagesse des anciens, est leur gymnastique. C'est par-là sur-tout qu'ils paroissent avoir été plus curieux de prévenir que de punir. Grande science en politique! Les ennemis, disoient les Athéniens, sont faits pour punir les crimes, les citoyens pour maintenir les mœurs. De là l'attention prévoyante et salutaire sur l'éducation de la jeunesse. La premiere explosion des passions et leur fougue donnent à cet âge impétueux les plus fortes secousses; il lui faut une éducation mâle, mais dont l'âpreté soit adoucie par de certains plaisirs, analogues au grand objet de former des hommes. Or, il n'y a que les exercices du corps où se trouve cet heureux mélange de travail et d'agrément, dont la partie constante occupe, amuse, fortifie le corps et par conséquent l'ame.

Dans les pays où les fortunes sont très-inégalés, les dernieres classes de la société sont toujours assez stimulées par le besoin, pour ne pas redouter l'engourdissement de l'oisiveté, et la mollesse qui en est la suite. Mais les riches en sont presque invariablement la proie, si une institution universelle et publique ne les soumet pas à une éducation active , qui soit un foyer continuel d'émulation , et une digue contre ce qui , dans les richesses , et leur jouissance et leur abus , tend sans cesse à énerver. Les sentimens énergiques et généreux germent rarement dans des corps affoiblis , et l'ame d'un Spartiate seroit bien mal logée dans le corps d'un Sybarite. Aussi tous les peuples féconds en héros ont été ceux dont l'éducation martiale, les institutions fortes , la gymnastique perfectionnée et dirigée selon les vues politiques du gouvernement , aiguisoient l'émulation et la vigueur.

Ces institutions précieuses sont presqu'oubliées aujourd'hui. A Paris , par exemple, il y a bien quarante mille filles enregistrées à la police pour éduquer la jeunesse ; mais il n'y a pas dans cette immense capitale une seule bonne académie où l'on puisse apprendre à monter à cheval ; aucun exercice, si ce n'est l'escrime , la danse et la paume , n'y sont pratiqués, et nous avons su rendre ceux-là assez nuisibles. Il suit de là et de bien d'autres causes, que je ne prétends point énumérer, que nos passions, ou plutôt nos desirs et nos goûts, (car nous n'avons guere de passions) l'emportent, et de beaucoup, sur toute vertu morale.

Parmi ces désirs, le plus violent sans doute est celui qui porte un sexe vers l'autre. Cet appétit nous est commun avec tout ce qui est créé, animé ou non animé. La nature a veillé en mere tendre et prévoyante à la conservation de tout ce qui existe. Mais il est arrivé parmi les hommes, ces êtres par excellence, qui le plus souvent ne paroissent doués d'intelligence que pour en abuser, ce qu'on n'a jamais remarqué parmi les autres animaux; c'est de tromper la nature en jouissant du plaisir attaché à la propagation de l'espece, et en négligeant le but de cet attrait; ainsi nous avons séparé la fin des moyens; et l'impulsion de la nature prolongée par les efforts de notre imagination, nous a pressés, sans égards pour les temps, les lieux, les circonstances, les usages, le culte, les coutumes, les loix, toutes les entraves enfin que l'homme s'est données; elle n'a pas consulté davantage le costume des états et des âges; car les vieillards deviennent continens, mais rarement chastes.

Cette maniere d'éluder les fins de la nature a eu différens principes ; la superstition qui, de son masque hideux, a couvert presque tous nos vices et nos folies ; diverses causes morales ; la philosophie même.

Des hérétiques en Afrique s'abstenoient de leurs femmes, et leur pratique distinctive étoit de n'avoir aucun commerce avec elles. Ils se fondoient, 1°. sur ce qu'Abel étoit mort vierge, et prirent le nom d'Abéliens ; 2°. sur ce que Saint-Paul prêchoit qu'il falloit être avec sa femme comme si l'on n'en avoit point (1). Aucun délire superstitieux ne sauroit étonner ; mais l'abus de la philosophie à cet égard est bien singulier : c'est l'ouvrage des cyniques.

Il est bizarre que des hommes instruits, et d'une raison exercée , aient voulu transporter dans la société les mœurs de l'état de nature , qu'ils n'aient point apperçu , ou qu'ils se soient peu souciés du ridicule qu'il y avoit à affecter parmi des hommes corrompus et délicats, la rusticité des siecles de l'animalité. Des femmes même, séduites par une philosophie si grotesque, ou plutôt par l'amour qu'inspiroient les auteurs de cette doctrine (2) , lui sacrifierent cette honte, cette pudeur mille

(1) Aux Cor. ,6 , 7 , 8 , 29. (2) Hypparchia, etc.

fois plus enracinée dans le cœur des femmes que la chasteté même.

Tant qu'il ne s'agissoit que du devoir conjugal, les cyniques avoient du moins quelques sophismes à alléguer. Mais quand Diogene, qui déraisonnoit avec beaucoup de raison, transporta cette morale au fond de son tonneau, quels purent être ses sophismes ? L'orgueil de braver les préjugés, et l'espece de gloire que l'homme esclave en tout, et toujours ami de l'indépendance, y attache, furent apparemment ses vrais motifs. L'ombre du secret, de la honte, des ténebres, lui auroit attiré des dénominations injurieuses, des persécutions ; son impudence l'en garantit. comment imaginer qu'un homme pense qu'il y ait du mal à faire et à dire ce qu'il fait et dit au grand jour ? Comment poursuivre un homme qui vous dit froidement ? « C'est un » besoin très-impérieux ; je suis heureux de » trouver en moi-même ce qui porte les au- » tres hommes à faire mille dépenses et mille » crimes. Si tout le monde m'eût ressemblé, » Troie n'auroit pas été prise, ni Priam égorgé » sur l'autel de Jupiter. » Ces raisons et beaucoup d'autres paroissent avoir séduit quelques-uns de ses contemporains. Galien cherche plus à le justifier qu'à le condamner. Il est vrai que la mythologie avoit en quelque sorte consacré l'onanisme. On racontoit que Mercure ayant eu pitié de son fils Pan , qui couroit nuit et jour par les montagnes, éperdu d'amour pour une maîtresse (1) dont il ne pouvoit jouir, lui enseigna cet insipide soulagement , que Pan apprit ensuite aux bergers.

Ce qui est plus singulier que l'indulgence de Galien, c'est celle de la fameuse Laïs qui prodiguoit à Diogene , à ce Diogene souillé par tant de jouissances solitaires , les faveurs que toute la Grece auroit payées au poids de l'or , et qui trompa pour lui l'aimable et sage Aristippe .Peut-être s'il lui fût arrivé la même aventure qu'à cette fille qui , ayant trop long-tems fait attendre le cynique , trouva qu'il s'étoit passé d'elle et n'en avoit plus besoin, peut-être Laïs se seroit-elle montrée plus sévere contre l'onanisme ?

On sait d'où vient ce mot *onanisme. Onan,* dans l'Ecriture sainte , répandoit sa semence sur la terre (2) ; mais ses raisons pouvoient être préférables à celles de Diogene. Juda eut de Sué trois fils, Her, Onan et Séla. Il voulut

(1) Echo.
(2) Gen. ch. XXXVIII.

postérité;

postérité ; il s'y prit singuliérement , mais il en vint à bout. Il fit épouser son fils ainé Her à Thamar ; Her étant mort sans enfans, Juda voulut qu'Onan couchât avec sa belle-sœur , à condition que ses enfans s'appelleroient Her du nom de l'ainé. Onan refusa , et pour éluder les fins de la nature , chaque fois qu'il couchoit avec Thamar , il commençoit par répandre de côté sa libation. Il mourut. Juda fit épouser à Thamar son troisieme fils Séla , qui mourut encore sans enfans. Juda s'obstina et se chargea de la besogne , dont il paroît avoir été très-digne ; car il engrossa sa fille , de maniere qu'elle conçut deux jumeaux. Le premier présenta sa main , sur laquelle la sage-femme noua un ruban d'écarlate , comme devant être l'ainé ; mais ce petit bras se retira, et l'autre enfant parut le premier ; d'où il fut appellé Pharès (1).

Les peres voient la figure de Noé dans Pharès, Noé, représentation de J. C. qui a paru comme le petit bras , et dont le corps ne devoit naître que pour la nouvelle loi. Mais ce que les peres voient de plus clair à tout cela , c'est que par l'aventure de la semence

(1) Celui qui avoit le ruban et sortit le second , fut nommé Zara , qui veut dire Orient.

E

qu'Onan déposoit de côté, **J. C.** se trouve né de Ruth , étrangere , Rahab , courtisanne, Bethsabée , adultere , et Thamar , incestueuse du pere à la fille (1). Mais revenons.

On voit que l'onanisme est, sinon consacré, du moins étayé par de grands et antiques exemples.

Les causes morales qui le provoquent le plus communément , sont ou la crainte de donner la vie à des êtres , qui par des circonstances particulieres seroient malheureux , ou celle des contacts vénéneux ; car on croit , sans que cela soit bien prouvé, que le virus ne fait aucune impression sur les parties du corps qui sont revêtues de la peau toute entiere , mais seulement sur celles qui en sont dépourvues.

Ces circonstances et beaucoup d'autres poussant à né céder à ce sentiment si vif, qui porte l'homme à la propagation de lui-même, qu'en négligeant le but de la nature , les moyens de la tromper sont devenus passion chez quelques-uns , besoin chez beaucoup d'autres. Le sommeil provoque aux célibataires les songes les plus voluptueux ; l'imagination aiguisée et flattée par ces illusions déce-

(1) Saci , pag. 817. , édit. in 8.º

vantes, qui conduisent à une réalité mutilée, mais aussi dépourvue des inconvéniens qui rendent souvent si dangereux un bonheur plus complet, a embrassé avec ardeur cette manière de donner le change à ses desirs. Les deux sexes rompant en quelque sorte les liens de la société, ont imité ces plaisirs auxquels ils se refusoient à regret ; et les remplaçant par leurs propres efforts, ils ont appris à se suffire. Ces plaisirs isolés et forcés sont devenus une passion violente par la commodité de l'assouvir, qui a tourné à son profit la force de l'habitude, si puissante sur l'humanité. Alors ils sont devenus très-dangereux, tant qu'ils n'ont été déterminés que par le besoin, quand une imagination plus voluptueuse que bouillante les a produits. Aucun accident n'en a été la suite ; il n'y a point eu de mal physique à ce penchant, et la morale en certains cas auroit pu lui montrer quelque indulgence (1). Les anciens juges, peut-être peu scrupuleux, mais juges philosophes, pensoient

____

(1) Le marquis de Santa-Crux, par exemple, commence son livre de l'art de la guerre par dire : *que la premiere qualité indispensable à un grand général, c'est de savoir se br. le v.*, parce que cela épargne dans une armée, et sur-tout dans une ville de guerre, tous les caquetages et les indiscrétions des femmes, qui finissent toujours par tout perdre.

que lorsqu'on le contenoit dans ses bornes, on ne violoit pas la continence. Galien soutient, comme on a vu, que Diogene, qui recouroit publiquement à ce secours, étoit fort chaste; il n'usoit de cette pratique, dit-il, que pour éviter les inconvéniens de la semence retenue.

Mais il est bien rare que dans ce qu'on accorde aux sens on garde un juste milieu. Plus on se livre à ses desirs, plus on les aiguise; plus on leur obéit, plus on les irrite. Alors l'ame enivrée de mollesse et continuellement absorbée dans des idées voluptueuses, détermine sans cesse les esprits animaux à se porter au siege de la jouissance. Les parties qui produisent le plaisir deviennent plus mobiles par les attouchemens répétés, plus dociles aux écarts de l'imagination; les érections deviennent continuelles, les pollutions fréquentes, et la disperdition de la vie excessive.

Il arrive trop souvent que la passion dégénere en fureur. Les objets qui lui sont analogues et l'alimentent, se présentent sans cesse à l'esprit; or, on ne peut croire à quel point cette attention à un seul objet énerve, affoiblit. D'ailleurs cette situation des parties de la génération, entraîne, même sans pollution, une très-grande dissipation des esprits animaux. Les érections trop rapprochées, lors même qu'elles ne sont pas suivies de l'évacuation de la semence , épuisent prodigieusement. Il y a en ce genre des exemples frappans et in-contestables. Il faut encore observer que l'attitude des onanistes ne contribue pas peu à l'affoiblissement qui résulte de leurs opérations solitaires , et à l'irritabilité des organes. La nature ne peut jamais perdre ses droits , ni laisser outrager impunément ses loix. Des jouissances partagées , même excessives , seront plutôt supportées par elle , qu'un stratagême stérile par lequel on s'efforce de la contraindre. La satisfaction de l'esprit et du cœur aide une prompte réparation des pertes que les délires de l'imagination occasionnent et ne peuvent jamais remplacer.

Mais la morale est toujours foible contre la passion. Quand ce goût bizarre a été connu, on s'est beaucoup plus occupé à perfectionner ce qui pouvoit le satisfaire , qu'à réfléchir sur ce qui pourroit le réprimer ; et l'on a senti que les deux sexes s'aidant mutuellement, devoient rapprocher davantage la jouissance isolée, des charmes d'une jouissance mutuelle.

Cet art singulier fut cultivé de tout tems ,

et l'est encore dans la Grece. Il y est d'usage de s'assembler après les repas. On se couche en rond sur un grand tapis ; tous les pieds sont dirigés vers le centre, où dans la saison froide on établit un trépied qui porte un bra-sier. Un second tapis vous recouvre jusqu'aux épaules : là les jeunes Grecques trouvent le moyen de se déchausser sans qu'on s'en ap-perçoive, et rendent aux hommes, avec leurs pieds, un service dont beaucoup de femmes s'acquittent très-gauchement avec leurs mains.

En effet, ce talent n'est pas donné à toutes. Quelques-unes en ont fait à Paris une étude particuliere, après une expérience consommée et une multitude d'essais. Aussi les jeunes filles qui ont la noble émulation de prétendre à une réputation en ce genre, ont grand soin d'aller prendre des leçons ; mais toutes n'y réussissent pas. Il est certain qu'il s'offre ici des difficultés de plus d'un genre.

Il ne s'agit pas d'un sentiment que l'être de la fille transmette ; elle ne fait que le pro-voquer. Ce n'est pas une sensation qu'elle communique par l'impulsion de son corps, c'est une sensation que l'homme doit goûter en lui-même par l'imagination de cette fille, et qui ne devient exquise qu'autant qu'elle peut par son art prolonger la jouissance. Ce plaisir s'éteint avec l'acte, parce que l'homme jouit seul. Les délices du plaisir de la nature, au contraire, précedent et suivent l'union intime des amans. La fille qui préside à la jouissance partielle, ne doit donc s'occuper qu'à amener, exciter, entretenir une situation qui lui est étrangere, puis à la suspendre, à en retarder l'effet loin de l'accélérer, bien moins encore de le provoquer. Toutes ses caresses doivent être modifiées avec des nuances infiniment délicates ; la complaisante prêtresse ne peut pas s'abandonner à ces transports bouillans qu'elle se permettroit si elle étoit unie au sacrificateur.

On sent bien que ce procédé ne sauroit avoir lieu vis-à-vis de ces jeunes gens fougueux que leur impétuosité entraîne, et qui ne cherchent dans ces sortes de jouissances que la convulsion du plaisir ; il ne peut servir qu'avec ceux en qui, dans un âge mûr, le grand feu du tempérament se trouve amorti, et l'imagination plus exercée : ils veulent jouir du plaisir avec toutes les sensations et les nuances qu'offre ce genre de volupté.

Il y a parmi les hommes, tout aussi bien que chez les femmes, une très-grande variété

de tempérament ; quelques-uns sont d'une lasciveté que l'on ne sauroit exprimer. Ceux qui
avec du tempérament savent se contenir et
ont le gland recouvert , conservent une sala-
cité digne des anciens satyres : la raison en
est simple ; le gland, qui forme le siege de
la volupté , s'entretient dans un état de sensibilité exquise, par le séjour continuel de la
liqueur limphatique qui le lubrifie , au lieu
qu'il devient dur et calleux avec l'âge chez
ceux qui l'ont découvert , qu'on a circoncis ,
ou qui ont naturellement le prépuce plus
court ; car chez eux cette liqueur préparatoire
qui s'échappe , existe en pure perte.

Or, une fille instruite dans l'art du Thalaba
ne se conduira pas avec un homme de cette
classe comme avec un autre. Figurez-vous
les deux acteurs nuds dans une alcove entourée
de glaces , et sur un lit à pente suivie ; la fille
adépte évite d'abord avec le plus grand soin
de toucher les parties de la génération ; ses
approches sont lentes, ses embrassemens doux,
les baisers plus tendres que lascifs, les coups
de langue mesurés , le regard voluptueux , les
enlacemens de ses membres pleins de grace
et de mollesse ; elle excite des doigts un lé-
ger prurit sur le bout des tetons ; bientôt elle

apperçoit que l'œil devient humide ; elle sent que l'érection est par-tout établie ; alors elle porte légérement le pouce sur l'extrêmité du gland qu'elle trouve baigné de sa liqueur lim-phatique ; de cette extrêmité le pouce des-cend doucement sur la racine , revient, redes-cend, fait le tour de la couronne ; elle suspend ensuite, si elle s'apperçoit que les sensations augmentent avec trop de rapidité ; elle n'em-ploie alors que des tétillations générales ; et ce n'est qu'après les attouchemens simultanés et immédiats de la main , puis des deux , et les approches de tout son corps , que l'érec-tion devenant trop violente , elle juge l'instant dans lequel il faut laisser agir la nature ou l'aider , ou la provoquer pour arriver au but ; parce que le spasme qui s'établit dans l'homme devient si vif , et l'appétit sensitif si violent , qu'il tomberoit en syncope si l'on n'y mettoit fin.

Mais pour atteindre à ce genre de perfection, à ce ton de jouissance, il faut que cette fille s'oublie pour étudier, suivre et saisir toutes les nuances de volupté que l'ame du Thalaba parcourt, pour user des raffinemens successifs qu'exigent ces accroissemens de jouissances qu'elle a fait naître. On ne parvient ordinairement à quelque degré de perfection dans cet art, que par un tact fin, par un toucher précis, qui dans ces occasions sont les seuls et véritables juges...... Mais qui le sera du résultat de cette œuvre de volupté ? — Sera-ce Martial, le licencieux Martial ?...... — Je l'entends s'écrier :

Ipsam crede tibi naturam dicere rerum,
Istud quod digitis, Pontice, perdis, homo est. (1)

La nature elle-même et t'arrête et te crie
Ce que répand ta main eût mérité la vie.

Cela est beau et vrai : cependant les poëtes ne font pas autorité dans les choses qui doivent être décidées par la raison.

Le principe général et peut-être unique de morale, est que *mal est ce qui nuit.* L'adultere n'est pas si loin de la nature, et est un beaucoup *plus grand mal* que l'onanisme. Celui-ci ne sauroit être dangereux qu'à la jeunesse, quand il altere sa santé ; mais il peut souvent être très-utile à la morale ; la perte d'un peu de sperme n'est pas en soi un plus grand mal, n'en est pas même un si grand que celle d'un peu de fumier qui eût pu faire venir un chou. La plus grande partie en est destinée par la nature même à être perdue. Si tous les glands

(1) Epig. 42 , liv. IX.

devenoient des chênes, le monde seroit une forêt où il seroit impossible de se remuer. Enfin, je dirois à Martial : *vous n'approcheriez donc pas de votre femme, quand elle est grosse ; car* Istud quod vagina, Pontice, perdis, homo est. *Si vous la laissiez ainsi jeûner, vous seriez un grand sot et lui feriez beaucoup de peine ; ce qui est un grand mal ; et de plus vous seriez tout ce que peut être un mari avant qu'elle fût accouchée ; ce qui en est un assez petit.*

L'ANANDRYNE.

LES plus fameux rabbins ont pensé que nos premiers peres avoient les deux sexes et naissoient hermaphrodites pour accélérer la propagation ; mais qu'après un certain temps écoulé, la nature cessa d'être aussi féconde, à l'époque où les substances végétales ne suffirent plus à notre nourriture, et où les hommes commencerent à user de la viande.

Il est d'abord certain, et nous l'avons vu dans ces mélanges (1), qu'Adam fut créé avec les deux sexes. Dieu lui donna une compagne ; mais l'Ecriture ne dit point si dans ce miracle Adam perdit l'un de ses attributs. La Genese, ne s'expliquant donc point d'une maniere précise sur ce sujet, le système des rabbins a conservé long-tems un grand nombre de sectateurs.

On a soutenu un système mitigé, qui a semblé à quelques-uns plus vraisemblable. C'est qu'il y avoit trois sortes d'êtres dans le premier âge du monde : les uns mâles, les autres femelles, d'autres mâles et femelles tout ensemble ; mais que tous les individus de ces

____

(1) Voyez l'Anélytroïde.

trois especes avoient chacun quatre bras et quatre pieds, deux visages tournés l'un vers l'autre et posés sur un seul cou, quatre oreilles, deux parties génitales, etc.; ils marchoient droits; quand ils vouloient courir, ils faisoient la culbute; leurs excès, leur insolence, leur audace les firent dédoubler; mais il en résulta un grand inconvénient; chaque moitié tâchoit sans cesse de se réunir à l'autre, et quand elles se rencontroient, elles s'embrassoient si étroitement, si tendrement, avec un plaisir si délicieux, qu'elles ne pouvoient plus se résoudre à se séparer; plutôt que de se quitter, elles se laissoient mourir de faim.

Le genre humain alloit périr; Dieu fit un miracle; il sépara les sexes, et voulut que e plaisir cessa après un court intervalle, afin que l'on fît autre chose que de rester collés l'un à l'autre. Il est arrivé de là, et rien n'est plus simple, que le sexe femelle, séparé du sexe mâle, a conservé un amour ardent pour les hommes, et que le sexe mâle aspire sans cesse à retrouver sa tendre et belle moitié.

Mais il est des femmes qui aiment d'autres femmes? Rien de plus naturel encore; ce sont des moitiés de ces anciennes femelles qui étoient doubles. De même, certains mâles, dédoublement d'autres mâles, ont conservé un goût exclusif pour leur sexe. Il n'y a rien là d'étrange, quoique ces couples d'hommes réunis et désunis paroissent bien moins intéressans. Voyez combien quelques connoissances de plus ou de moins doivent donner plus ou moins de tolérance ! Je souhaite que ces idées en imposent aux moralistes déclamateurs. On peut leur citer des autorités graves ; car ce système, dont la source est dans Moyse, a été très-étendu par le sublime Platon. Et Louis Leroi, professeur royal à Paris, a fait sur cette matiere de vastes commentaires, auxquels ont travaillé avec succès *Mercerus* et *Quinquebze*, lecteurs du roi en hébreu.

On ne sera peut-être pas fâché de trouver ici les vers originaux de Louis Leroi.

> Au premier âge que le monde vivoit,
> D'herbe, de gland, trois sortes y avoit
> D'hommes ; les deux, tels qu'ils sont maintenant,
> Et l'autre double étoit ; s'entretenant
> Ensemblement tant mâle que femelle.
> Il faut penser que la façon fut belle ;
> Car le grand dieu qui vivre les faisoit,
> Faits les avoit, et bien s'y connoissoit.
> De quatre bras, quatre pieds et deux têtes,
> Etoient formées ces raisonnables bêtes ;
> Le reste vaut mieux pensée que dite,

Et se verroit plutôt peinte qu'écrite.
Chacun étoit de son corps tant aisé,
Qu'en se retournant il se trouvoit baisé ;
En étendant ses bras on l'embrassoit ;
Voulant penser on le contrepensoit ;
En soi voyoit tout ce qu'il vouloit voir,
En soi trouvoit tout ce qu'il falloit avoir.
Jamais en lieu, ses pieds porté ne l'eussent,
Que quand et lui ses passe-temps ne fussent.
Si de son bien lui plaisoit mal user,
Facile étoit envers soi s'excuser.
De lui n'étoit fait ni rapport ni compte,
Ne connoissoit honnesteté ni honte.
Si de son cœur sortoient simples désirs,
Il y entroit tant de doubles plaisirs,
Qu'en y pensant chacun est incité
A maintenir que la félicité,
Fut de tel temps, et le siecle doré.

Antoinette Bourignon, dans sa préface du
Nouveau ciel, adopte aussi ce systéme, qui
paroît de nature à être regretté du beau sexe.
Elle attribue au péché ce triste dédoublement,
et dit qu'il a défiguré dans les hommes l'œuvre de Dieu ; et qu'au lieu d'hommes qu'ils
devoient être, ils sont devenus des monstres
de nature, divisés en deux sexes imparfaits,
impuissans à produire seuls leurs semblables,
comme se reproduisent les plantes, qui sont
bien plus favorisées et parfaites en cela que
l'espece humaine, condamnée à ne se propager que par la réunion momentanée de deux

êtres qui, s'ils éprouvent alors quelques délices, ne peuvent achever ce grand œuvre de la reproduction qu'avec tant de douleurs.

Quoiqu'il en soit de ces idées, on a vu encore de nos jours des phénomenes analogues qui portent à croire que la tradition de Moyse n'est pas une chimere. L'un des plus étonnans, est celui d'un moine à Issoire en Auvergne, où le cardinal de Fleury fit exiler en 1739 le garde-des-sceaux Chauvelin. Ce moine avoit les deux sexes ; on lit dans le couvent ces vers à son sujet (1) :

> J'ai vu vif, sans fantôme,
>   Un jeune moine avoir
> Membre de femme et d'homme,
>   Et enfant concevoir.
> Par lui seul en lui-même,
>   Engendrer, enfanter,
> Comme font autres femmes,
>   Sans outils emprunter.

Cependant les registres du couvent portent que ce moine ne s'engrossa point lui-même ; il n'avoit pas été tout-à-la-fois agent et patient. Il fut livré à la justice et détenu jusqu'à

(1) Ce n'est point dans le couvent d'Issoire que se lisent ces vers ; mais dans la chronique en vers de *Jean Moliner.* Ce fait eut lieu en 1478, et non pas de nos jours. Tous les historiens du temps en font mention. (*Voyez la description des principaux lieux de France par Dulaure, tome V, page* 337) *Note de l'éditeur.*

şa délivrance. Néanmoins le registre ajoute
ces mots remarquables : « Ce moine appar-
» tenoit à monseigneur le cardinal de Bour-
» bon ; il avoit les deux sexes , et chacun
» d'iceux s'aida tellement , qu'il devint gros
» d'enfans. »

Je sais que l'on peut instituer une différence
entre l'hermaphrodite proprement dit et l'androgyne. L'androgyne et l'hermaphrodite ,
pure invention des Grecs qui vouloient et
savoient tout embellir , ont été célébrés ainsi
à l'envi par tous les poëtes qui en faisoient
des descriptions charmantes , tandis que les
artistes les représentoient sous les formes les
plus agréables et les plus propres à réveiller
les sentimens de la volupté. Pandore ne réu-
nissoit que les perfections de son sexe. L'hermaphrodite réunit toutes les perfections des
deux sexes. C'est le fruit des amours de Mercure et de Vénus , comme l'indique l'étymologie du nom (1). Or Vénus étoit la beauté
par excellence , Mercure à sa beauté person-
nelle joignoit l'esprit , les connoissances et les
talens. Si on se forme l'idée d'un individu en
qui toutes ces qualités se trouvent rassemblées,

(1) Lucian. t. 1 dialog. Deor. XV ; et 2 , Diodor. Sic.
l. IV , p. 252 , éd. Westhling.

F

on aura celle de l'hermaphrodite , tel que les Grecs ont voulu le présenter. Les androgynes au contraire , sous la véritable acception de leur nom , ne sont que des participans aux deux sexes , que l'on n'a nommés hermaphrodites que parce que les anciens avoient feint que le fils de Mercure et de Vénus avoit les deux sexes. Mais il n'en est pas moins vrai , que comme il y a eu de tout temps des femmes qui ont tiré un grand parti de cette conformité androgyne , elles ont su la rendre précieuse. Lucien , dans un de ses dialogues , instruit deux courtisannes , dont l'une dit à l'autre : *J'ai tout ce qu'il faut pour contenter tes désirs ;* à quoi celle-ci répond : *tu es donc hermaphrodite* (1) ? Saint-Paul reproche ce vice aux femmes romaines (2). On a peine à croire ce qu'on lit dans Athénée sur les excès de ce genre , commis par ces femmes (3). Aristophane , Plaute , Phedre , Ovide , Martial , Tertullien et Clément d'Alexandrie les ont désignées d'une maniere plus

(1) Dialog. Meret. V.

(2) Ad Rom. cap. I.

(3) Lib. IV. cap. XVI.

ou moins directe, et Séneque les accable d'une effroyable imprécation (1).

Les hermaphrodites parfaits sont à présent très-rares ; ainsi il paroît que la nature ne produit plus de ces hommes androgynes ; mais il faut convenir que l'on remarque fréquemment des effets de ces dédoublemens que nous venons d'expliquer : de tout temps et dans l'antiquité la plus reculée, comme dans les siecles plus voisins de nos jours, on a vu la passion la plus décidée de femme à femme. Lycurgue, ce sévere Lycurgue, qui rêva des choses si bizarres et si sublimes, faisoit représenter publiquement des jeux qu'on appelloit *gymnopédies*, où les jeunes filles paroissoient nues ; les danses, les attitudes, les approches, les enlacemens les plus lascifs leur étoient enseignés. La loi punissoit de mort les hommes qui auroient été assez téméraires pour les approcher. Ces filles habitoient entre elles jusqu'à ce qu'elles se mariassent ; le but du législateur étoit apparemment de leur apprendre l'art de sentir, qui embellit beaucoup celui d'aimer ; de les instruire de toutes les nuances de sensation que la nature indique,

(1) *Dii illas neceque male perdant ! Adeo perversum commentæ genus im pudicitive ! Viros meunt.* (Epist. XCV.)

ou dont elle est susceptible ; en un mot , de les exercer entr'elles , de maniere à tourner un jour au profit de l'espece hnmaine tous les raffinemens qu'elles s'enseignoient mutuellement. Enfin , on leur apprenoit à être amoureuses avant d'avoir un amant ; car on est amoureuse sans amour , comme on assure quelquefois qu'on aime sans être amoureuse. N'a pas du tempérament qui veut ; n'aime pas qui veut : c'est une morale de ce genre que Lycurgue a développée dans ses lois : c'est cette morale qu'Anacréon a éparpillée dans ses immortels badinages , comme les feuilles de la rose. Qui se seroit attendu à trouver Anacréon et Lycurgue dans les mêmes principes ? Sapho , avant le poëte de Theos , les avoit réduits en systême pratique , et en avoit décrit les symptômes. O quel peintre et quelle observatrice étoit cette belle , dévorée de tous les feux de l'amour !

Cette Sapho , qui n'est guere connue que par les fragmens de ses poésies brûlantes et ses amours infortunés , peut être regardée comme la plus illustre des tribades. On compte du nombre de ses tendres amies les plus belles personnes de la Grece (1) , qui lui inspirerent

____

(1) Thelesyle , Amythone , Attys , Anactorie , Cydno, Mégare , Pyrrine , Andromede , Mnaïs , Cyrine , etc.

des vers. Anacréon assure qu'on y trouve tous les symptômes de la fureur amoureuse. Plutarque apporte un de ces morceaux de poésie en preuve que l'amour est une fureur divine qui cause des enthousiasmes plus violens que ne l'étoient ceux de la prêtresse de Delphes, des Bacchantes et des prêtres de Cybele ; qu'on juge quelle flamme brûloit le cœur qui inspiroit ainsi (2) !

Mais Sapho, long-temps amoureuse de ses compagnes, les sacrifia à l'ingrat Phaon, qui la réduisit au désespoir. N'auroit-il pas mieux valu pour elle continuer à poursuivre des conquêtes que les familiarités facilitées par la conformité du sexe, les sûretés qu'il procure et l'ascendant de son esprit devoient lui rendre si aisées ? d'autant qu'elle étoit douée de tous les avantages que l'on peut désirer dans cette passion, à laquelle la nature sembloit l'avoir destinée ; car elle avoit un clitoris si beau, qu'Horace donnoit à cette femme célebre l'épithete de *mascula*, c'est-à-dire, en françois, *femme-hommesse*.

Il paroît que le college des *Vestales* peut

(1) On lisoit aux pieds de la statue de Sapho, par Silanion : *Sapho qui a chanté elle-même sa lubricité, et qui fut amoureuse à la rage.*

être regardé comme le plus fameux sérail de tribades qui ait jamais existé, et l'on peut dire que la secte Anandryne a reçu dans la personne de ces prêtresses les plus grands honneurs. Le sacerdoce n'étoit pas un de ces établissemens vulgaires, humbles et foibles dans leurs commencemens, que la piété hasarde, et qui ne doivent leurs succès qu'au caprice. Il ne se montre à Rome qu'avec l'appareil le plus auguste : vœu de virginité, garde du palladium, dépôt et entretien du feu sacré (1), symbole de la conservation de l'empire, prérogatives les plus honorables, crédit immense, pouvoir sans bornes. Mais combien tout cela eût été payé cher par la privation absolue de ce bonheur, auquel la nature appelle tous les êtres, et les supplices affreux qui attendoient les vestales, si elles succomboient à sa voix ? Jeunes et capables de toute la vivacité des passions ; comment

(1.) *Vesta* vient du grec et signifie *feu*. Les Chaldéens et les anciens Perses appelloient le feu *avesta.* Zoroastre a intitulé son fameux livre, *Avesta*, la garde du feu. La porte des maisons, l'entrée, s'est appellée *vestibule*, parce que chaque Romain avoit soin d'entretenir ce feu de Vesta à la porte de sa maison. C'est de là sans doute que l'entrée du vagin s'appelle le vestibule du vagin, comme étant le lieu où s'entretient le premier feu de ce temple.

y seroient-elles échappées sans les ressources de Sapho , tandis qu'on leur laissoit la liberté la plus dangereuse , et que leur culte même les appelloit à des idées si voluptueuses ? car on sait que les vestales sacrifioient au dieu *Fascinus* , représenté sous la forme du *Phallum* Egyptien. Il y avoit des cérémonies singulieres observées dans ces sacrifices ; elles attachoient cette image du membre viril aux chars des triomphateurs ; ainsi le feu sacré qu'elles entretenoient étoit censé se propager dans tout l'empire par les voies véritablement vivifiantes ; mais qu'un tel objet de contemplation étoit peu nécessaire à exposer à la vue de jeunes filles vouées à la virginité !

On voit que les tribades anciennes avoient d'illustres modeles. L'abbé Barthelemi , dans ses antiquités palmyreniennes , cite les habits qu'elles affectoient en public : c'étoient, selon lui (1) , l'*énomide* et la *callyptze*. L'*énomide* serroit étroitement le corps et laissoit les épaules découvertes. Quant à la *callyptze*, on ne la connoît que par son nom , comme la *crocote* , la lobbe *tarentine* , l'*anobolé* , l'*encyclion*, la *cécriphale* et les tuniques teintes en cou

(1) Je ne doute pas que quelque érudit ne me fasse ici plus d'une difficulté. Mais on auroit jamais fini s'il falloit répondre à tout.

leurs ondoyantes , qui désignoient assez bien cette ardeur des tribades qui appetent sans cesse , comme les flots se succedent sans jamais se tarir. Elles arboroient ces vêtemens suivant les situations dans lesquelles elles se trouvoient La callypize étoit pour le public extérieur; elles portoient l'énomide lorsqu'elles recevoient du monde dans leur intérieur ; la tarentine servoit dans les voyages ; la crocote étoit pour le boudoir , lorsqu'elles étoient dans un exercice solitaire ; l'anobolé pour la tribaderie de tête-à-tête ; la cécriphale pour les rendez-vous nocturnes ; l'encyclion pour tenir cercle licencieux ; les tuniques teintes pour les grandes confréries, les orgies ; et la couleur de la tunique annonçoit l'office dont la tribade qui la portoit étoit chargée pour ce jour. Chaque genre de secours avoit sa couleur ondoyante particuliere.

Il est certains cas où la tribaderie a été conseillée par des physiciens très-savans. On sait que David ne recouvra sa chaleur que par des femmes qui tribadoient par-dessus son corps. Quant à Salomon , il n'employoit sans doute ses trois mille concubines qu'à faire exécuter en sa présence des évolutions en grand. De nos jours la chaleur idiopatique se

restitue dans le corps humain par les jeux
d'une multitude de femmes , au milieu des-
quelles s'établit celui qui veut recouvrer ses
forces. Ce remede étoit conseillé par Dumou-
lin , toujours avec succès. On sent qu'aussi-tôt
que le malade ressentoit les effets idiopatiques
de la chaleur , il devoit se retirer pour laisser
rasseoir et raffermir l'incandescence qui paroissoit se montrer ; autrement il en seroit résulté un effet contraire. Ce système est fondé
sur ce que l'homme n'a besoin que de la présence de l'objet pour ressentir l'espece de chaleur dont il s'agit , laquelle le meut plus ou
moins fortement, selon qu'il est plus ou moins
débilité. En général , la fréquence des accès
de cette chaleur vivifiante dure autant et plus
que les forces de l'homme. C'est une des suites
de sa faculté de penser , et de se rappeller su-
bitement certaines sensations agréables , à la
seule inspection des objets qui les lui ont fait
éprouver. Ainsi celle qui disoit , *que si les animaux ne faisoient l'amour que par intervalles ,
c'est qu'ils étoient des bêtes* , disoit un mot bien
plus philosophique qu'elle ne pensoit.

Au reste , en tribaderie , comme en tout ,
les excès sont nuisibles ; ils énervent au lieu
d'exciter. Il arrive aussi quelquefois , à force

de recherches , des aventures singulieres et funestes dans ces sortes d'exercices. Il y a peu de temps qu'à Parme une fille accoutumée à tribader avec sa bonne amie, se servit d'une grosse aiguille à tête d'ivoire , de la longueur d'un doigt , qui dans les secousses fit fausse route et tomba dans la vessie de domenica. Elle n'osa déclarer son aventure , souffrit et patienta ; elle urinoit goutte à goutte ; au bout de cinq mois , il s'étoit déja formé une pierre autour de l'aiguille , que l'on tira par les voies ordinaires. Dans les couvens , vastes théâtres de tribaderies , il est arrivé beaucoup d'événemens pareils ; ici c'est un cure-oreille , là un persaire ; dans un autre un affiquet , ou un canon de seringue ; ailleurs une phiole d'eau de la reine d'Hongrie , pour la laisser distiller goutte à goutte ; une petite navette de t isserand ; un épi de bled qui monte de soi-même, qui chatouille le vagin, et que la pauvre nonnette ne peut plus retirer , etc. On feroit un volume de pareilles anecdotes.

M. Poivre nous apprend dans ses voyages que les plus fameuses tribades de l'univers sont les Chinoises ; et comme en ce pays les femmes de qualité marchent peu, elles tribadent à travers des hamacs suspendus. Ces hamacs

sont faits de soie plate à maille de deux pouces en quarré; le corps y est mollement étendu,
les tribades se balancent et s'agitent sans avoir
la peine de se remuer. C'est un grand luxe des
Mandarins, que d'avoir dans une salle, au
milieu des parfums, vingt tribades aériennes
qui s'amusent sous ses yeux.

Le sérail du grand-seigneur n'a pas d'autre
but ; car que feroit un seul homme de tant de
beautés ? Quand le sultan blasé se propose de
passer la nuit avec une de ses femmes, il se
fait apporter son sorbet au milieu de la piece
des Tours (All'hachi) ; c'est ainsi qu'on la
nomme. Les murs sont couverts des peintures
les plus lascives ; à l'entrée de cette piece on
voit une colombe d'un côté et une chienne
de l'autre, par où l'on sort ; symboles de volupté et de lubricité.

Au centre des peintures se lisent vingt vers
turcs qui décrivent les trente beautés de la
belle Hélene, et dont M. de Saint-Priest a envoyé derniérement un fragment avec ses détails ; ce fragment a été traduit par un François du quartier de Péra (1).

---

(1) On sent bien que la dignité de M. de Saint-Priest
l'empêchera d'en convenir ; et quelque littérateur encouragé
par ce désaveu, viendra me soutenir que ces vers sont tout

Je n'essaierai point de traduire ces vers en françois ; ils n'ont pas été faits par un poëte. Ce calcul arithmétique , ces trente qualités coupées gravement trois à trois , glaceroient toute verve. On ne calcule point les charmes qu'on adore; on s'enivre , on brûle , on les couvre de baisers ; ce n'est qu'alors qu'on est intéressant ; la belle qui verroit compter

simplement imités d'un passage de Sylva Nuptialis , de **J.** de Nevisan ; et puis vîte il citera le morceau. **Le voici ?**

Triginta hæc habeat , quæ vult formosa vocari
    Femina ; sic Helenam fama fuisse refert ;
Alba tria et totidem nigra , et tria rubra puella ,
    Tres habeat longas , tres totidemque breves ;
Tres crassas , totidem graciles , tria stricta , tot ampla.
    Sint ibidem huic formæ , sint quoque parva tria.
Alba cutis , nivei dentes , albique capilli ,
    Nigri oculi , cunnus , nigra supercilia.
Labra , genæ atque ungues rubri. Sit corpore longa ,
    Et longi crines , sit quoque longa manus ,
Sintque breves dentes , auris , pes , pectora lata ,
    Et clunes , distent ipsa supercilia.
Cunnus et os strictum , stringunt ubi cingula stricta ,
    Sint coxæ et collum , vulvaque turgidula :
Subtiles digiti , crines et rubra puellis ;
    Parvus sit nasus , parva mamilla , caput ,
Cum nullæ aut raro simul hæ formosa vocari ,
    Nulla puella potest , rara puella potest.

Mais je le prie de me dire où est l'impossibilité que ces vers soient traduits en Turc dans le sérail ? Enfin on ne dispute point contre les faits.

par ses doigts les attraits dont elle est ornée , prendroit le calculateur pour un sot, et feroit elle-même une pauvre figure. Il y en a bien plus de trente ; il y en a plus de mille. Quoi ! lorsqu'on voit Hélene nue', a-t-on la tête si nette ?.... (1) Mais les Turcs ne sont pas galans.

Le sultan arrive dans cette salle , où les muets ont tout fait préparer. Il s'accroupit dans un angle , d'où il rase la terre pour voir les attitudes sous un angle favorable ; il fume trois pipes, et pendant le temps qu'il y emploie , ce que l'Asie produit de plus parfait paroît nu dans cette salle. Elles s'accouplent d'abord suivant le tableau de la belle Hélene , puis se mêlent et diversifient les grouppes et les postures dont les murs leur offrent les modeles qu'elles surpassent par leur agilité. Il y a entr'autres dans se sallon voluptueux sept tableaux de Boucher, dont un représente des fictions d'après le Caravage ; et le dernier sultan les faisoit exécuter en naturel d'après le peintre des graces. Oh ! si l'on employoit

______

(1) Et puis comment traduire en vers avec grace et noblesse, *cunnus, clunes, vulva* ! On auroit de la peine à s'en tirer dans un mauvais lieu. Mais l'amour veut être servi dans un temple.

autant d'efforts à former les mœurs qu'à les corrompre , à créer les vertus qu'à exciter les desirs , que l'homme auroit bientôt atteint le degré de perfection dont sa nature est susceptible !

L'AKROPODIE.

La nature travaille à la reproduction des êtres par des voies bien diverses ; elle a voulu que l'espece humaine se renouvellât par le concours de deux individus semblables par les traits les plus généraux de leur organisation, et destinés à y coopérer par des moyens particuliers et propres à chacun. Aussi l'essence d'un sexe ne se borne point à un seul organe, mais s'étend par des nuances plus ou moins sensibles à toutes les parties. La femme, par exemple, n'est point femme par un seul endroit ; elle l'est par toutes les faces sous lesquelles elle peut être envisagée; on diroit que la nature a tout fait en elle pour les graces et les agrémens, si l'on ne savoit qu'elle a un objet plus essentiel et plus noble. C'est ainsi que dans toutes les opérations de la nature, la beauté naît d'un ordre qui tend au loin ; et qu'en voulant faire ce qui est bon, elle fait nécessairement en même temps ce qui plaît.

Voilà la loi générale à laquelle ne dérogent les modifications particulieres, qu'autant que les passions, les goûts, les mœurs, soumis à un rapport direct avec les législations et les gouvernemens , mais toujours subordonnés à la constitution physique dominante dans tel ou tel climat , s'écartent plus ou moins de la nature contrariée par l'homme. Ainsi dans les pays chauds, des habitans rembrunis , petits , secs , vifs , spirituels , seront moins laborieux , moins vigoureux , plus précoces , et moins beaux que ceux des pays froids. Les femmes y seront plus jolies et moins belles ; l'amour y sera un desir aveugle, impétueux , une fievre ardente , un besoin dévorant , un cri de la nature. Dans les pays froids cette passion , moins physique et plus morale , sera un besoin très - modéré , une affection réfléchie , méditée , analysée , systématique , un produit de l'éducation. La beauté et l'utilité , ou toutes les beautés et les utilités ne sont donc point connexes : leurs rapports s'éloignent , s'affoiblissent , se dénaturent ; la main de l'homme contrarie sans cesse l'activité de la nature ; quelquefois aussi nos efforts hâtent sa marche.

Par exemple la loi respective de l'amour physique des pays septentrionaux et des méridionaux est très-atténuée par les institutions humaines. Nous nous sommes entassés en

dépit

dépit de la nature dans des villes immenses ;
et nous avons ainsi changé les climats par
des foyers de notre invention dont les effets
continuels sont infiniment puissans. A Paris ,
dont la température est bien froide en comparaison même de nos provinces méridio-
nales, les filles sont plutôt nubiles que dans
les campagnes même voisines de Paris. Cette
prérogative , plus nuisible qu'utile peut-être ,
annexée à cette monstrueuse capitale, tient
à des causes morales , lesquelles commandent
très-souvent aux causes physiques ; la pré-
cocité corporelle est due à l'exercice précoce
des facultés intellectuelles , qui ne s'éguisent
guere avant le temps qu'au détriment des
mœurs. L'enfance est plus courte ; l'adoles-
cence hâtive devient héréditaire; les fonctions
animales et l'aptitude à les exercer s'exaltent
(car se perfectionnent ne seroit pas le mot)
de génération en génération. Or les disposi-
tions corporelles et les facultés de l'ame sont
entr'elles dans un rapport qui peut être
transmis par la génération. Grande vérité qui
suffit pour faire sentir de quelle importance
seroit pour les sociétés une éducation nationale bien conçue.

C'est sur-tout peut-être sur le sexe sédui-

G

sant qu'il faudroit travailler ; car chez presque toutes les nations policées, avec l'apparence de l'esclavage , il commande en effet au sexe dominateur. Il y a des femmes , et en très-grand nombre , chez qui les effets de la sensibilité augmentent le ressort de chaque organe , tant cet être, pour lequel la nature a fait des frais inconcevables, est perfectible ! Les spasmes vénériens qui constituent l'essence des fonctions du sexe , les libations fécondes sont plus susceptibles encore d'être envisagés moralement que méchaniquement. Elles dépendent sans doute de la plus ou moins grande sensibilité de ce centre merveilleux (1) qui se réveille ou s'assoupit périodiquement. Mais quelle influence n'a-t-il pas aussi sur toutes les parties de l'être ! Si le plaisir y existe, l'ame sensitive , agréablement émue , semble vouloir s'étendre , s'épanouir pour présenter plus de surface aux perceptions. Cette intumescence répand par-tout le sentiment délicieux d'un surcroît d'existence ; les organes montés au ton de cette sensation s'embellissent, et l'individu entraîné par la douce violence faite aux bornes ordinaires de son être , ne veut

(1) La matrice.

plus, ne fait plus que sentir. Substituez le chagrin au plaisir, l'ame se retire dans un centre qui devient un noyau stérile, et laisse languir toutes les fonctions du corps ; et de même que le bien-être et le contentement de l'esprit produisent la joie, l'épanouissement de l'ame, la vivacité, l'embellissement du corps, la satisfaction, le sourire, la gaieté ou la douce et tendre joie de la sensibilité, et ses voluptueuses larmes, et ses embrassemens énergiques, et ses transports brûlans ressemblans à l'ivresse ; de même la peine d'esprit et ses inquiétudes rétrécissent l'ame, abattent le corps, enfantent les douleurs morales et physiques, et la langueur, et l'accablement, et l'inertie. — Il ne seroit donc ni fou, ni coupable celui qui, à l'exemple d'un despote asiatique, mais par d'autres motifs, proposeroit aux philosophes et aux législateurs la recherche de nouveaux plaisirs, et crieroit : *Epicure étoit le plus sage des hommes. La volupté est et doit être le mobile tout-puissant de notre espece.*

Il y a des variétés dans les êtres créés, qui seroient incroyables si l'on pouvoit combattre les résultats d'observations suivies, réitérées , authentiques (1) ; mais la physique éclairée doit être le guide éternel de la morale. Et voilà pourquoi presque toutes les lois coërcitives sont mauvaises. Voilà pourquoi la science de la législation ne peut être perfectionnée qu'après toutes les autres.

Mais l'homme , qui est le plus grand ennemi et le plus grand partisan, le plus grand promoteur et la plus remarquable victime du despotisme , a voulu, dans tous les temps , tout diriger , tout conduire , tout réformer. De là cette foule de lois si injustes et si bizarres , ces institutions inexplicables , ces coutumes de tout genre, à leur place , en tel temps , dans telles circonstances , en tel lieu , mais que le tyran de la nature a voulu propager , prolonger sans égard au temps , aux lieux , et aux circonstances ; la circoncision est selon nous une des plus singulieres qu'il ait imaginées.

Plusieurs peuples l'ont pratiquée pour des fins utiles dans l'ordre de la nature , et cela est simple et sage. D'autres l'ont admise sans besoin , comme une observance religieuse , et cela paroît fou. Les Egyptiens l'ont re-

____

(1) Qui se douteroit , par exemple , que la chaleur de l'abeille est mille fois plus considérable que celle de l'éléphant.

gardée comme une affaire d'usage, de propreté, de raison, de santé, de nécessité physique. En effet, on prétend qu'il y a des
hommes qui ont le prépuce si long, que le
gland ne pourroit pas se découvrir de lui-
même ; d'où il résulteroit une éjaculation
baveuse qui seroit un inconvénient considérable pour l'œuvre de la génération. Cette
raison en est une assurément pour diminuer
un prépuce de cette nature. Mais que ce
prépuce ait été un objet en grande vénéra-
tion chez le peuple choisi de Dieu, voilà ce
qui me semble très-singulier.

En effet, le sceau de la réconciliation, le
signe de l'alliance, du pacte entre le créateur et son peuple, c'est le prépuce d'Abraham (1), prépuce qui devoit être racorni ;
car Abraham avoit quatre - vingt - dix - neuf
ans quand il se fit cette coupure ; il opéra
de même sur son fils, sur tous les mâles, etc.
La femme de Moyse circoncit aussi son fils ;
ce ne fut pas sans peine, et elle se brouilla
avec son époux qui ne la revit plus (2).
Cette cérémonie n'étoit alors regardée que
comme une figure ; car on parle des fruits

(1) Gen. XVII , 24.
(2) Exod. IV , 25.

circoncis (1), de la circoncision du cœur, etc. (2) Et elle fut suspendue pendant tout le tems que les Israélites furent dans le désert. Aussi Josué, à la sortie du désert, fit circoncire un beau jour tout le peuple. Il y avoit quarante ans qu'on n'avoit coupé de prépuces ; on en eut deux tonnes tout d'un coup (3).

Quand le peuple de Dieu eut des rois, on fit bien plus, on maria pour des prépuces. Saül promet sa fille à David, et demande cent prépuces de douaire (4). David qui étoit héroïque et généreux ne voulut pas être borné dans ce magnifique don, et apporta à Saül deux cents prépuces (5), puis il épousa Michol ; on la lui voulut contester ; mais il forma sa demande en regle ; et l'obtint pour sa collection de prépuces (6).

Ils ont excité de grandes querelles ces prépuces. On ne regarda pas seulement la circoncision comme un sacrement de l'an-

(1) Lév. XIX, 23.
(2) Deut. X, 16.
(3) Josué. V, 3 et 7.
(4) Reg. XVIII, 25.
(5) I. Reg. XVIII, 27.
(6) II. Reg. III, 14.

tienne loi , en ce qu'elle étoit un signe de l'alliance de Dieu avec la postérité d'Abraham; on voulut que ce bout de peau que l'on retranchoit du membre génital, remît le péché originel aux enfans. Les peres ont été divisés à ce sujet. S. Tustin, qui soutenoit cette opinion, a contre lui tous ceux qui l'ont précédé ; et depuis lui , S. Augustin , Tertullien , S. Ambroise , etc. La grande raison de ceux-ci est fort plausible. Pourquoi , disent-ils, ne coupe-t-on rien aux femmes ? Le péché originel les entache tout comme les hommes ; on devroit même en bonne justice leur couper plus qu'à ceux-ci ; car sans la curiosité d'Eve , Adam n'auroit pas péché.

Les peres Conning et Coutu ont soutenu , d'après M. Huet , qu'il n'étoit rien moins qu'évident que l'on ne circoncît pas les femmes. En effet , Huet sur Origene , dit positivement qu'on circoncit presque toutes les Egyptiennes (1) ; on leur coupoit une partie du clitoris qui nuiroit à l'approche du mâle ; d'autres subissent la même opération par principe de religion , pour réprimer les effets

(1) *Circumcisio fœminarum fit resectione cletoridis , quæ pars in australium mulieribus ita excrescit ut ferro sit coërcenda.*

G 4

de la luxure , parce que les chatouillemens et l'irritation sont moins à craindre quand le clitoris est moins proéminent.

Paul Jove et Munster assurent que la circoncision est en usage pour les femmes chez les Abyssins. C'est même dans ce pays et pour ce sexe une marque de noblesse ; aussi ne la donne - t - on qu'à celles qui prétendent descendre de Nicaulis, reine de Saba. La question de la circoncision des femmes est donc très-indécise , et les érudits peuvent encore s'exercer.

Une opération très-embarrassante devoit être quand il falloit couper, où il ne restoit rien à retrancher. Par exemple , comment opéroit-on sur les peuples qui , circoncis par propreté ou par nécessité , se faisoient Juifs, de sorte qu'il falloit les circoncire encore une fois pour l'alliance ? Il paroît qu'alors on se contentoit de tirer de la verge quelques gouttes de sang à l'endroit où le prépuce avoit été coupé ; et ce sang s'appelloit *le sang de l'alliance* ; mais il falloit trois témoins pour que cette cérémonie fût authentique , parce qu'il n'y avoit plus de prépuce à montrer.

Les Juifs apostats s'efforçoient au contraire

d'effacer en eux les marques de la circonci-sion, et de se faire des prépuces. Le texte des Macchabées y est formel. *Ils se sont fait des prépuces et ont trompé l'alliance* (1). S. Paul, dans la premiere épitre aux Corin-thiens, semble craindre que les Juifs con-vertis au christianisme n'en usent de même : *si*, dit-il, *un circoncis est appellé à la nou-velle loi, qu'il ne se fasse point de prépuce* (2).

S. Jérôme, Rupert, et Haimon nient la possibilité de fait, et croient que la trace de la circoncision est ineffaçable ; mais les peres Conning et Coutu ont soutenu dans le droit et dans le fait que la chose étoit pos-sible ; dans le droit, par l'infaillibilité de l'E-criture ; dans le fait, par les autorités de Ga-lien et de Celse qui prétendent qu'on peut effacer les marques de la circoncision. Bar-tholin (3) cite Œgnielte et Fallope qui ont enseigné le secret de supprimer cette marque dans la chair d'un circoncis. Buxtorf le fils, dans sa lettre à Bartholin, confirme ce fait par l'autorité même des Juifs ; de plus, la

____

(1) Iman. Chap. I, 16. *Fecerunt sibi preputia et recesse-runt à testamento sancto.*

(2) I. Cor. VII, 18.

(3) *De morb. biblic.*

matiere étant trop grave pour que des hommes religieux voulussent y laisser quelques
doutes, les PP. Conning et Coutu ont éprouvé
sur eux-mêmes la pratique indiquée par les
médecins que nous venons de citer.

La peau est extensible par elle - même à
un degré qu'on auroit peine à croire, si
celle des femmes dans la grossesse et les vé-
temens faits avec la tunique des êtres animés,
n'en étoient des exemples journaliers. On voit
souvent des paupieres se relâcher ou s'alon-
ger exorbitamment. Or la peau du prépuce
est exactement semblable à celle des paupieres.

Ceci bien reconnu, les PP. Conning et
Coutu se firent d'abord légitimement circoncire; et quand la racine de leur prépuce fut
consolidée, ils y attacherent un poids, tel
qu'ils purent le supporter, sans causer aucun
éraillement. La tension imperceptible et les
linimens d'huile rosat le long de la verge,
faciliterent l'alongement de la peau, au point
qu'en quarante - trois jours Conning gagna
sept lignes un quart. Coutu qui avoit la peau
plus calleuse, n'en put donner que cinq lignes
et demie. On leur avoit fait une boëte de
fer-blanc doublée et attachée à la ceinture

pour qu'ils pussent uriner et vaquer à leurs affaires. Tous les trois jours on visitoit l'extension , et les peres visiteurs , nommés commissaires *ad hoc* , dressoient registres de l'arrivée du nouveau prépuce de Conning , à peu près comme on fait au Pont royal pour la crue de la Seine.

Il est donc bien constaté que la Bible a dit vrai pour les hommes ; mais Conning et Coutu n'ont pas eu la même satisfaction pour les femmes. Aucune ne voulut permettre qu'on lui attachât un poids au clitoris ; en sorte qu'il n'en est point aujourd'hui qui s'en fasse couper, ni par crainte de l'approche de l'homme (car il y a des expédiens qui sauvent tout inconvénient, comme on comprend bien) (1), ni en signe d'alliance, parce qu'il est de fait qu'elles s'allient toutes sans avoir besoin d'aucune diminution. On est bien loin aujourd'hui de s'affliger de la proéminence d'un clitoris . . . . . O que ce progrès des arts est énorme en ce siecle !

On sait que les Turcs coupent la peau et n'y touchent plus , au lieu que les Juifs la déchirent , et guérissent plus facilement ; au reste, les enfans de Mahomet mettent le plus

(1) La méthode en levrette.

grand cérémonial dans cette opération. En 1581 , Amurat III voulant faire circoncire son fils ainé, âgé de quatorze ans , envoya un ambassadeur à Henri III , pour le prier d'assister à la cérémonie du prépuce , qui de-voit se célébrer à Constantinople au mois de mai de l'année suivante : les ligueurs et sur-tout leurs prédicateurs prirent occasion de cette ambassade pour appeller Henri III *le roi Turc* , et lui reprocher qu'il étoit le parrain du Grand-Seigneur.

Les Persans circoncisent à l'âge de treize ans en l'honneur d'Ismaël ; mais la méthode la plus singuliere en ce genre est celle qui se pratique à Madagascar. On y coupe la chair à trois différentes reprises ; les enfans souffrent beaucoup, et celui des parens qui se saisit le premier du prépuce coupé l'avale.

Herrera dit que chez les Mexicains , où d'ailleurs on ne trouve aucune connoissance du mahométisme ni du judaïsme , on coupe les oreilles et le prépuce aux enfans aussi-tôt après leur naissance , et que beaucoup en meurent.

Voilà ce que l'on peut citer de plus re-marquable sur cette matiere. On ignore si la crainte du frottement et l'irritation qui en

est une suite, privoit les juifs de la commodité de porter ce que nous appellons des
culottes ; mais il est sûr que les Israélites
n'en portoient pas , en quoi nos capucins
non-réformés ont imité le peuple de Dieu.
Cependant comme les érections auroient pu
embarrasser dans certaines cérémonies, il étoit
enjoint de se servir alors d'un chauffoir (1)
pour contenir les parties génitales. Aaron en
reçut l'ordre.

Je m'apperçois, en finissant ce morceau ,
que l'histoire des prépuces n'est pas très-
anacréontique ; mais quand on veut s'instruire
dans les livres saints , comme c'est assurément le devoir de tout chrétien , il faut avoir
le goût robuste ; car on y trouve des passages infiniment plus fermes qu'aucun de
ceux que j'ai cités. Lorsque , par exemple ,
on voit le roi Saül , poursuivant David , venir
décharger son ventre (2) dans une caverne
au fond de laquelle ce dernier étoit caché,
et celui-ci arriver bien doucement , et couper avec la plus grande dextérité le derriere
du vêtement de Saül ; puis aussi-tôt que le

(1) Lév. chap. VI , 10. *Fæminalibus lineis.*

(2) Reg. 1 , chap. XXIV , 4. *Erat quæ ibi spelunca
quam ingressus est Saül* ut purgeret ventrem.

roi est parti , courir après lui pour lui démontrer qu'il auroit pu l'empaler aisément ,
mais qu'il étoit trop brave pour le tuer par
derriere ; quand on voit cela , dis-je, on s'é-
tonne. Mais lorsque passant d'étonnement en
étonnement , on voit tour-à-tour sur ce vaste
et saint théâtre des hommes qui se nourris-
sent de leurs excrémens (1) et boivent de
leur urine (2); Tobie que la fiente d'hy-
rondelle aveugle (3); Esther qui se couvre
la tête de tout ce qu'il y a de plus sâle au
monde (4); les paresseux qu'on lapide avec
de la bouse de vache (5); Isaïe réduit à
manger les plus hideuses évacuations du corps
humain (6); des riches qui *embrassoient des
immondices* (7); d'autres qu'on aspergeoit
dans le temple même, avec cette matiere fé-
cale ; enfin Ezéchiel qui étendoit sur son pain
cet étrange ragoût (8), lequel, Dieu, par
un miracle, qui ne paroît pas à tout le monde
digne de sa bonté , convertit en fiente de
bœuf (9) . . . . Quand on voit tout cela,
on ne s'étonne plus de rien.

(1) Reg. 4 chap. XVIII , 27. *Comedant stercora sua et
bibant urinam suam.*
(2) Tobie II , 11.   (3) Esther XIV , 2.
(4) Eccl XXII , 2.   (5) Isaïe XXVII , 12.
(6) Tren. IV , 5. *Amplexati sunt stercora*
(7) Mal. II , 3. (8) Ezech. IV , 12. (9) Ibid. IV , 15.

KADHÉSCH.

LA puissance des lois dépend presque uniquement de leur sagesse, et la volonté publique tire son plus grand poids de la raison qui l'a dictée. C'est pour cela que Platon regarde comme une précaution très-importante de mettre toujours à la tête des édits un préambule raisonné, qui en montre la justice en même tems qu'il en expose l'utilité.

En effet, la premiere loi est de respecter les loix. La rigueur des châtimens n'est qu'une vaine et coupable ressource, imaginée par des esprits étroits et de mauvais cœurs, pour substituer la terreur au respect qu'ils ne peuvent obtenir. Aussi est-ce une remarque universelle et non démentie par la plus vaste expérience, que les supplices ne sont nulle part aussi fréquens que dans les pays où ils sont terribles; de sorte que la cruauté des peines désigne infailliblement la multitude des infracteurs; et qu'en punissant tout avec la même sévérité, l'on force les coupables, qui le plus souvent ne sont que les foibles, à commettre des crimes pour échapper à la punition de leurs fautes.

Le gouvernement n'est pas toujours maître de la loi ; mais il en est toujours le garant ; et que de moyens n'a-t-il pas pour la faire aimer ! Le talent de régner n'est donc pas infiniment difficile à acquérir ; car il ne consiste qu'en cela. J'entends bien qu'il est encore plus aisé de faire trembler tout le monde quand on a la force en main ; mais il est très-facile aussi de gagner les cœurs ; car le peuple a appris depuis bien long-temps de tenir grand compte à ses chefs de tout le mal qu'ils ne lui font point, à les adorer quand il n'en est pas haï.

Quoiqu'il en soit, un imbécille obéi peut, comme un autre, punir les forfaits ; le véritable homme d'état sait les prévenir. C'est sur les volontés plus que sur les actions qu'il cherche à étendre son empire. S'il pouvoit obtenir que tout le monde fît bien, que lui resteroit-il à faire ? Le chef-d'œuvre de ses travaux seroit de parvenir à rester oisif.

C'est donc une grande mal-adresse que la jactance et l'abus du pouvoir ; le comble de l'art est de le déguiser (car tout pouvoir est désagréable à l'homme), et sur-tout de ne pas savoir seulement employer les hommes tels qu'ils sont ; mais de parvenir à les

rendre

rendre tels qu'on a besoin qu'ils soient. Cela est très-possible ; car les hommes sont à la longue tels que le gouvernement les fait ; guerriers, citoyens, esclaves, il modele tout à son gré ; et quand j'entends un homme d'état dire, *je méprise cette nation*, je leve les épaules, et réponds en moi-même ; *et toi, je te méprise de n'avoir pas su la rendre estimable.*

C'est là le grand art des anciens qui paroissent nous avoir été aussi supérieurs dans les sciences morales que nous l'emportons sur eux dans les sciences physiques. Tout leur but étoit de diriger les mœurs, de former des caracteres, d'obtenir de l'homme, que pour faire ce qu'il doit, il lui suffît de songer qu'il le doit faire. Oh ! quel mobile d'honneur, de vertu, de bien être, seroit la législation perfectionnée ainsi sur un seul principe ! Les lois anciennes étoient tellement le fruit de hautes pensées et de grands desseins, le produit du génie en un mot, que leur influence a survécu aux mœurs des peuples pour qui elles étoient faites. Combien long-temps, par exemple, n'a pas duré le préjugé imprimé par les anciens législateurs sur les mariages stériles ?

H

Moyse ne laissa guere aux hommes la liberté de se marier ou non. Lycurgue nota d'infamie ceux qui ne se marioient pas. Il y avoit même une solemnité particuliere à Lacédémone, où les femmes les produisoient tous nus aux pieds des autels, et leur faisoient faire à la nature une amende honorable, qu'elles accompagnoient d'une correction très-sévere. Ces républicains si célebres avoient poussé plus loin les précautions en publiant des réglemens contre ceux qui se marieroient trop tard, et contre les maris qui n'en usoient pas bien avec leurs femmes. On sait quelle attention les Egyptiens et les Romains apporterent à favoriser la fécondité des mariages.

S'il est vrai qu'il y eut dans les premiers âges du monde des femmes qui affectoient la stérilité, comme il paroît par un prétendu fragment du prétendu livre d'Enoch, il peut y avoir eu aussi des hommes qui en fissent profession ; mais les apparences n'y sont rien moins que favorables. Il étoit sur-tout alors nécessaire de peupler le monde. La loi de Dieu et celle de la nature imposoient à toutes sortes de personnes l'obligation de travailler à l'augmentation du genre humain, et il y a lieu de croire que les premiers hommes se faisoient une affaire principale d'obéir à ce précepte. Tout ce que la Bible nous apprend des patriarches, c'est qu'ils prenoient et donnoient des femmes, c'est qu'ils mirent au monde des fils et des filles, et puis moururent, comme s'ils n'avoient eu rien de plus important à faire. L'honneur, la noblesse, la puissance consistoient alors dans le nombre des enfans ; on étoit sûr de s'attirer par la fécondité une grande considération, de se faire respecter de ses voisins, d'avoir même une place dans l'histoire. Celle des Juifs n'a pas oublié le nom de *Jaïr* qui avoit trente fils au service de la patrie ; ni celle des Grecs les noms de *Danaüs* et d'*Epyptus*, célebres par leurs cinquante fils et leurs cinquante filles. La stérilité passoit alors pour une infamie dans les deux sexes, et pour une marque non équivoque de la malédiction de Dieu. On regardoit au contraire comme un témoignage authentique sa bénédiction d'avoir autour de sa table un grand nombre d'enfans. Ceux qui ne se marioient pas étoient réputés *pécheurs contre nature*. Platon les tolere jusqu'à l'âge de trente-cinq ans ; mais

il leur interdit les emplois , et ne leur assi-
gne que le dernier rang dans les cérémonies
publiques. Chez les romains , les censeurs
étoient spécialement chargés d'empêcher cette
sorte de vie solitaire (1). Les célibataires ne
pouvoient ni tester ni rendre témoignage (2) ;
la religion aidoit en ceci la politique ;
les théologiens payens les soumettoient à
des peines extraordinaires dans l'autre vie ,
et dans leur doctrine le plus grand des mal-
heurs étoit de sortir de ce monde sans y
laisser des enfans ; car alors on devenoit la
proie des plus cruels démons (3).

Mais il n'est point de loix qui puissent arrêter un désordre idéal ; aussi , malgré les in-
jonctions des législateurs , on éludoit très-
communément dans l'antiquité les fins de la
nature. L'histoire ne dit point comment ni
par qui commença l'amour des jeunes garçons, qui fut si universel. Mais un goût si
particulier , et en apparence si bizarre , l'em-
porta sur les loix pénales , bursales , infaman-
tes , etc. , sur la morale , sur la saine physi-

(1) *Cœlibes esse prohibendos.*

(2) *Ex aliis tui testa tu equum habes, tu uxorem habes? testa.*

(3) *Ex vitam calamitas et impietas accidit illi qui absque filiis à vitâ discedit , et dæmonibus maximas dat pœnas post obitum.*

que. Il faut donc que cet attrait ait été impérieux. Mais cette passion bizarre a une origine qui m'a paru très-singuliere : je crois
que l'impuissance dont la nature frappe quelquefois, se confédéra avec des tempéramens
effrénés pour l'affermir et la propager. Rien
de plus simple.

L'impuissance a toujours été une tache
très-honteuse. Chez les Orientaux, les hommes
marqués de ce sceau de réprobation eurent
le titre flétrissant *d'eunuques du soleil*, *d'eunuques du ciel*, *faits par la main de Dieu.*
Les Grecs les appelloient *invalides*. Les loix
qui leur permettoient les femmes, permettoient aussi à ces femmes de les abandonner.
Les hommes condamnés à cet état équivoque, qui dut être très-rare dans les commencemens, également méprisés des deux
sexes, se trouverent exposés à plusieurs mor-
tifications qui les réduisirent à une vie obscure et retirée ; la nécessité leur suggéra
différens moyens d'en sortir et de se rendre
recommandables. Dégagés des mouvemens
inquiets de l'amour étranger, et, au physique,
de l'amour-propre, ils s'assujettirent aux volontés des autres, et furent trouvés si dé-
voués, si commodes, que tout le monde en

voulut avoir. Le plus atroce des despotismes
en augmenta bientôt le nombre ; les peres,
les maîtres, les souverains s'arrogerent le droit
de réduire leurs enfans, leurs esclaves, leurs
sujets à cet état ambigu ; et le monde entier,
qui, dans le commencement ne connoissoit
que deux sexes, fut étonné de se trouver insensiblement partagé en trois portions à peu
près égales.

La bizarrerie, la satiété, le libertinage,
l'habitude, des motifs particuliers, une philosophie affectée ou téméraire, la pauvreté,
la cupidité, la jalousie, la superstition con-
coururent à cette révolution singuliere ; la superstition, dis-je ; car les opérations les plus
avilissantes, les plus ridicules, les plus cruel-
les ont été imaginées par des fanatiques
atrabilaires, qui dictent des lois tristes, som-
bres, injustes, où la privation fait la vertu,
et la mutilation le mérite.

Les Romains fourmilloient d'eunuques. En
Asie et en Afrique on s'en sert encore aujourd'hui pour garder les femmes ; en Italie
cette atrocité n'a pour objet que la perfection d'un vain talent. Au Cap, les Hottentots
ne coupent qu'un testicule, pour éviter, disent-ils, les jumeaux. Dans beaucoup de

pays les pauvres mutilent pour éteindre leur postérité, afin que leurs malheureux enfans n'éprouvent pas un jour la double misere, et de périr de faim, et de voir périr les leurs. Il y a bien des sortes d'eunuques !

Quand on ne pense qu'à perfectionner la voix, on n'enleve que les testicules ; mais la jalousie dans sa cruelle méfiance retranche toutes les parties de la génération ; cette effroyable opération est très-dangereuse ; on ne la peut faire avec une sorte de succès qu'avant la puberté ; encore y a-t-il beaucoup de danger ; passé quinze ans, à peine en réchappe-t-il un quart. Aussi ces sortes d'impuissans se vendent cinq et six fois plus que les autres ; à Golconde on opéra en une fois jusqu'à vingt-deux mille de ces infortunés. Quelle horrible plaie faite à l'humanité ! Les plus fameux sont Ethiopiens ; ils sont si hideux que les jaloux les paient au poids de l'or.

Les impuissans absolus se qualifient d'*eunuques aqueducs*, parce qu'étant dépourvus de la verge qui porte le jet au dehors, ils sont obligés de se servir d'un conduit de supplément, faute de ne pouvoir lancer le jet comme les femmes dont la vulve a tout son ressort.

H 4

Ceux au contraire qui ne sont privés que des testicules, jouissent de toute l'irritation que donnent les desirs, et peuvent en un sens se dire très-puissans, (sur-tout lorsqu'ils n'ont été opérés qu'après que leur organe a reçu tout son développement ;) (1) mais avec cette triste exception que, ne pouvant jamais se satisfaire, l'ardeur vénérienne dégénere chez eux en une espece de rage ; ils mordent les femmes qu'ils liment avec une précieuse continuité.

On voit que cette sorte d'eunuques a le double avantage de servir sans risque aux plaisirs des femmes et aux goûts dépravés des hommes. Autrefois tous les garçons de la Géorgie se vendoient aux Grecs, et les filles garnissoient les sérails. On comprend que l'on trouvoit dans ce beau climat autant de Ganymedes que de Vénus ; et si quelque chose pouvoit excuser cette passion aux yeux de qui ne l'a pas, ce seroit sans doute l'incomparable beauté de ces modeles.

(1) *Ergo exspectatos, ac jussos crescere primum*
Testiculos, postquam cœperunt esse bilibres,
Tonsoris ducima tantum capit Heliodorus. (Juv. l. 2. s. 6.)
Lisez, sur la préférence que les dames Romaines donnoient aux eunuques, et le parti qu'elles en tiroient, depuis le 365 vers de cette satyre jusqu'au 379.

On comprend aujourd'hui, comme on sait, par le mot *péché contre nature*, tout ce qui a rapport à la non-propagation de l'espece, et cela n'est ni juste, ni bien vu. La sodomie, dans son rapport avec la ville de l'Ecriture, est bien différente, par exemple, d'une simple pollution. Quoique ce goût bizarre, que l'on a compris avec tant d'autres dans le mot général *mollities*, ait été généralement répandu dans les pays les plus policés; l'histoire ne cite rien d'aussi fort que ce qui est rapporté dans l'Ecriture. Toutes les villes de la Pentavole en étoient tellement infectées, qu'aucun étranger n'y pouvoit paroître qu'il ne fût en proie à leurs desirs. Les deux anges qui vinrent visiter Loth furent à l'instant assaillis par une multitude de peuple (1). En vain Loth leur prostitua ses deux filles; ce singulier acte de vertu hospitaliere ne lui réussit pas; il falloit aux Sodomistes des derrieres mâles (2); et les anges n'échapperent que grace à cet aveuglement subit qui empêcha

(1) Gen. XIX, 4. Avant que les anges se fussent couchés, le peuple accourut depuis les vieillards jusqu'aux enfans. — 4. — *Ut cognoscamus eos.*

(2) Les Sodomistes pensoient apparemment comme un grand seigneur moderne. Un valet-de-chambre de confiance.

ces libertins de se reconnoître les uns les autres.

Cet état ne dura pas long-temps ; car en douze heures de temps tout fut consumé par la pluie de soufre , au point que Loth et ses filles , retirés dans un antre , crurent que le monde venoit de périr par le feu , comme il avoit , lors du déluge , péri par l'eau ; et la crainte de ne plus avoir de postérité détermina ces filles , qui ne comptoient apparemment pas sur les fruits de leur prostitution récente , à en tirer au plus vîte de leur pere. L'ainée se dévoua la premiere à ce pieux office ; elle se coucha sur le bonhomme Loth , qu'elle avoit enivré , lui épargna toute la peine de ce sacrifice offert à l'amour de l'humanité , et le consomma sans qu'il s'en apperçût (1). La nuit suivante sa sœur en fit autant ; et le bon Loth , qui paroît avoir été facile à tromper et dur à réveiller , réussit si bien dans ces actes involontaires , que ses filles mirent au

lui observoit que du côté qu'il préféroit , ses maîtresses étoient conformées comme ses ganymedes, qu'on ne pouvoit trouver au poids de l'or ; qu'il pourroit —— *Des femmes !* s'écria le maître ; *eh ! c'est comme si tu me servois un gigot sans manche.*

(1) Gen. XIX , 33. *Dormivit cum patre, at ille non sensit nec quando accubuit filia , nec quando surrexit.*

monde , neuf mois après cette aventure , deux garçons , Moab chef de la nation des Moabites (1) , et Ammon , chef des Ammonites.

On sait , indépendamment du témoignage formel de Saint-Paul (2) , que les Romains porterent très-loin ces excès de la pédérastie ; mais ce que ce grand apôtre dit de remarquable , c'est que les femmes préféroient de beaucoup le plaisir contre nature à celui qu'elle provoque. — *Et fœminœ imitaverunt naturalem usum in eum usum qui est contra naturam ;* c'est dans le vingt-sixieme verset du chapitre cité au bas de la page qu'on lit ces paroles ; et le verset suivant a fourni au Caravage l'idée de son *Rosaire*, qui est dans le Musæum du grand-duc de Toscane. On y voit une trentaine d'hommes étroitement liés (*turpiter ligati*) en rond , et s'embrassant avec cette ardeur lubrique que ce peintre sait répandre dans ses compositions libertines.

Au reste , la pédérastie a été connue sur tout le globe ; les voyageurs et les mission-

______

(1) Moab fut le fils de la premiere ; Ammon naquit de la seconde.

(2) Saint Paul aux Romains , ch. I , 27. *Masculi delicto naturali usu fœminœ exarserunt in desideriis suis in invicem , masculi in masculos turpitudinem operantes et mercedem quam oportuit erroris sui in semetipsis recipientes.*

haires en font foi. Ceux-ci rapportent même
un cas de sodomie triple , qui a embarrassé
et aiguisé la sagacité du docte Sanchez : le voïci.

Marc Paul avoit décrit , dans sa description
géographique , imprimée en 1566 , les hommes à queue du royaume de Lambri. Struys
avoit parlé de ceux de l'île Formose , et Ge-
melli Carreri de ceux de l'île Mindors , voi-
sine de Manille. Tant d'autorités se trouverent
plus que suffisantes pour déterminer des missionnaires jésuites à entreprendre de préférence
des conversions dans ce pays-là. Ils ramene-
rent en effet de ces hommes à queue , qui par
un prolongement du coccyx portoient vraiment des queues de sept , huit et dix pouces ,
susceptibles , quant à la mobilité , de tous les
mouvemens que l'on apperçoit dans la trompe
de l'éléphant. Or l'un de ces hommes à queue
se coucha entre deux femmes , dont l'une
ayant un clitoris considérable , se posta de la
tête aux pieds , et plaça en pédéraste son clitoris , tandis que la queue de l'insulaire four-
nissoit sept pouces au vase légitime ; l'insulaire qui étoit complaisant se laissa faire , et
pour occuper toutes ses facultés, il approcha
de l'autre femme , et en jouit comme la nature y invite..... Il y avoit là assurément de

quoi exercer les talens du prince des casuistes.

Sanchez distingua « Pour la premiere, dit-il , sodomie double quoiqu'incomplette dans ses fins , parce que ni la queue ni le clitoris ne pouvant verser la libation , ils n'operent rien contre les voies de Dieu et le vœu de la nature ; quant à la seconde, fornication simple. »

J'imagine que de pareilles queues auroient plus d'un genre d'utilité à Paris , où le goût des pédérastes , quoique moins en vogue que du temps de Henri III , sous le regne duquel les hommes se provoquoient mutuellement sous les portiques du Louvre , fait des progrès considérables. On sait que cette ville est un chef-d'œuvre de police , en conséquence il y a des lieux publics autorisés à cet effet. Les jeunes gens qui se destinent à la profession sont soigneusement enclassés ; car les systêmes réglementaires s'étendent jusques-là. On les examine ; ceux qui peuvent être agens et patiens , qui sont beaux , vermeils , bien faits , potelés , sont réservés pour les grands seigneurs , ou se font payer très-cher par les évêques et les financiers. Ceux qui sont privés de leurs testicules , ou en terme de l'art (car notre langue est plus chaste que

nos mœurs) qui n'ont pas *le poids du tisse-
rand* , mais qui donnent et reçoivent, forment
la seconde classe ; ils sont encore chers parce
que les femmes en usent, tandis qu'ils servent
aux hommes. Ceux qui ne sont plus susceptibles d'érections , tant ils sont usés , quoiqu'ils
aient tous les organes nécessaires au plaisir ,
s'inscrivent comme *patiens purs* et composent
la troisieme classe : mais celle qui préside à
ces plaisirs , vérifie leur impuissance. Pour
cet effet on les place tout nus sur un matelas
ouvert par la moitié inférieure ; deux filles le
caressent de leur mieux , pendant qu'une troisieme frappe doucement avec des orties nais-
santes le siege des desirs vénériens. Après un
quart d'heurede cet essai , on leur introduit
dans l'anus un poivre long rouge qui cause
une irritation considérable ; on pose sur les
échauboulures produites par les orties , de la
moutarde fine de Caudebec , et l'on passe le
gland au camphre. Ceux qui résistent à ces
épreuves et ne donnent aucun signe d'érec-
tion servent comme patiens à un tiers de paie
seulement..... O'qu'on a bien raison de vanter
les progrès des lumieres dans ce siecle philosophe !

BÉHÉMAH.

DE LA BESTIALITÉ. — Ce titre ré-
pugne à l'esprit et flétrit l'ame. Comment imaginer sans horreur qu'un goût aussi dépravé
puisse exister dans la nature humaine , lorsqu'on pense combien elle peut s'élever au-
dessus de tous les êtres animés ? comment
se figurer que l'homme ait pu se prostituer
ainsi ? Quoi ! tous les charmes , tous les délices de l'amour , tous ses transports....., il
a pu les déposer aux pieds d'un vil animal !
Et c'est au physique de cette passion, à cette
fievre impétueuse qui peut pousser à de tels
écarts , que des philosophes n'ont pas rougi
de subordonner le moral de l'amour ! *Le physique seul en est bon* , ont-ils dit. — Eh bien ,
lisez Tibulle , et puis courez contempler ce
physique dans les Pyrénées où chaque berger
a sa chevre favorite ; et quand vous aurez assez
observé les hideux plaisirs du montagnard bru-
tal , répétez encore : *en amour le physique
seul est bon.*

Un sentiment très-philosophique peut en-
gager à fixer un moment ses regards sur un

sujet aussi étrange , parce que ce sentiment donnant la force d'écarter toutes les idées que l'éducation , les préjugés et l'habitude nous inculquent tour-à-tour , indique plus d'une vue à diriger , plus d'une expérience à faire , dont les résultats pourroient être utiles et curieux.

La forme particuliere par laquelle la nature a distingué l'homme et la femme , prouve que la différence des sexes ne tient pas à quelques variétés superficielles ; mais que chaque sexe est le résultat peut-être d'autant de différences qu'il y a d'organes dans le corps humain , quoiqu'elles ne soient pas toutes également sensibles. Parmi celles qui sont assez frappantes pour se laisser appercevoir , il en est dont l'usage et la fin ne sont pas bien déterminés. Tiennent-elles au sexe essentiellement , ou sont-elles une suite nécessaire de la disposition des parties constituantes (1) ? La vie s'attache à toutes les formes , mais elle se maintient plus dans les unes que dans les autres. Les productions monstrueuses humaines vivent plus ou moins ; mais celles qui le sont extrêmement périssent bientôt. Ainsi l'anatomie , éclairée autant qu'il seroit possible , pourroit dé-

____

(1) Par exemple , la courbure de l'épine du dos entraîne dans un bossu le derangement des autres parties , ce qui leur donne à tous une sorte de ressemblance que l'on pourroit appeller *air de famille*,

cider

cider jusqu'à quel point on peut être monstre, c'est-à-dire, s'écarter de la conformation particuliere à son espece, sans perdre la faculté de se reproduire, et jusqu'à quel point on peut l'être sans perdre celle de se conserver. L'étude de l'anatomie n'a pas même encore été dirigée sur ce point, pour lequel on pourroit mettre à profit cette erreur de la nature, ou plutôt cet abus de ses desirs et de ses facultés qui portent à la bestialité.

Les productions monstrueuses d'animaux différens conservent une conformation particuliere aux deux especes, en perdant insensiblement la faculté de se reproduire. Les productions monstrueuses de l'humanité nous apprendroient en outre jusqu'à quel point l'ame raisonnable *se transmet ou se débrouille*, si l'on peut parler ainsi, d'avec l'ame sensitive. Il est singulier que la physique ait dédaigné ces recherches.

La partie constitutive de notre être, qui nous différencie essentiellement de la brute, est ce que nous appellons l'ame. Son origine, sa nature, sa destinée, le lieu où elle réside sont une source intarissable de problêmes et d'opinions. Les uns l'anéantissent à la mort, les autres la séparent d'un tout auquel elle se réunit par réfusion, comme l'eau d'une bouteille qui nageroit et que l'on casseroit, se réuniroit à la masse. Ces idées ont été modifiées à l'infini. Les Pythagoriciens n'admettoient la réfusion qu'après des transmigrations; les Platoniciens réunissoient les âmes pures, et purifioient les autres dans de nouveaux corps. Dela les deux espèces de métempsycoses que professoient ces philosophes.

Quant aux discussions sur la nature de l'ame, elles ont été le vaste champ des folies humaines, folies inintelligibles à leurs propres auteurs. Thalès prétendoit que l'ame se mouvoit en elle-même; Pythagore qu'elle étoit une ombre pourvue de cette faculté de se mouvoir en soi-même. Platon la définit une substance spirituelle se mouvant par un nombre harmonique. Aristote, armé de son mot barbare d'*entéléchie*, nous parle de l'accord des sentimens ensemble. Héraclite la croit une exhalaison; Pythagore un détachement de l'air; Empédocle un composé des élémens; Démocrite, Leucide, Épicure un mélange de je ne sais quoi de feu, de je ne sais quoi d'air, de je ne sais quoi de vent, et d'un autre quatrieme élément qui n'a point de nom. Anaxagore, Anaximene, Archélaüs la composoient d'air subtil; Hippone d'eau; Xénophon d'eau et de terre; Parménide de feu et

de terre ; Boëce de feu et d'air. Critius la pla-
çoit tout simplement dans le sang ; Hippocrate
ne voyoit en elle qu'un esprit répandu par-
tout le corps ; Marc-Antonin la prenoit pour
du vent ; et Critolaüs, tranchant ce qu'il ne
pouvoit dénouer, la supposoit une cinquieme
substance.

Il faut convenir qu'une pareille nomenclature a l'air d'une parodie ; et l'on croiroit
presque que ces grands génies se jouoient de
la majesté de leur sujet, en voyant que le
résultat de leurs méditations étoient des défi-
nitions aussi ridicules, si en lisant les plus célebres modernes, on n'étoit plus éclairé sur
cette matiere que par les rêveries des anciens.
Ce qui résulte de plus remarquable de leurs
opinions en ce genre, c'est que jamais on
n'avoit eu, jusqu'à nos dogmes modernes, la
moindre idée de la spiritualité de l'ame, quoiqu'on la composât de parties infiniment subtiles (1). Tous les philosophes l'ont cru ma-
térielle, et l'on sait ce que presque tous pensoient de sa destinée. Quoiqu'il en soit, les
folies théoriques, les hypotheses même ingé-

---

(1) On sait combien les peres eux-mêmes ont été par-
tagés et ambigus sur cette matiere. Saint-Irénée ne faisoit
pas difficulté de dire que l'ame étoit un souffle analogue
aux corps qu'elle a habités, et qu'elle n'étoit incorporelle

nieuses ne nous instruiront jamais autant que le pourroient des expériences physiques bien dirigées.

Ce n'est pas que je croie qu'elles puissent nous apprendre, ni quelle est la nature de l'ame, ni le lieu où elle réside ; mais les nuances de ses dégradations peuvent être infiniment curieuses, et c'est le seul chapitre de son histoire qui paroisse nous être abordable.

Il seroit infiniment téméraire de décider que les brutes ne pensent point, bien que le corps ait indépendamment de ce qu'on appelle l'ame, le principe de la vie et du mouvement. L'homme lui - même est souvent machine : un danseur fait les mouvemens les plus variés, les plus ordonnés dans leur ensemble, d'une maniere très-exacte, sans donner la moindre attention à chacun de ces mouvemens en particulier. Le musicien exécuteur est à peu-près de même ; l'acte de la volonté n'intervient que pour déterminer le choix de tel ou tel air : le branle donné aux esprits animaux, le reste s'exécute sans qu'il y pense. Les gens distraits, les somnambules sont sou-

que par rapport aux corps grossiers. Tertulien la déclare tout simplement corporelle. S. Bernard, par une distinction fort étrange, prétend qu'elle ne verra pas Dieu ; mais qu'elle conversera avec J. C.

rént dans un véritable état d'automates. Les mouvemens qui tendent à conserver notre équilibre , sont ordinairement très - involontaires ; les goûts et les antipathies précedent dans les enfans le discernement. L'effet des impressions du dehors sur nos passions , sans le secours d'aucune pensée, par la seule correspondance merveilleuse des nerfs et des muscles , n'est-il pas très-indépendant de nous? Et ces émotions toutes corporelles répandent cependant un caractere très-marqué sur la physionomie qui a une sympathie toute particuliere avec l'ame.

Les animaux , considérés dans un simple point de vue mécanique , fourniroient donc déjà un grand nombre de solutions à ceux qui leur refusent le don de la pensée ; et il ne seroit pas très - difficile de prouver qu'une grande partie de leurs opérations , même les plus étonnantes , ne la nécessitent pas. Mais comment concevoir que de simples automates s'entendent, agissent de concert , concourent à un même dessein , correspondent avec les hommes , soient susceptibles d'éducation ? On les dresse, ils apprennent ; on leur commande, ils obéissent ; on les menace , ils craignent ; on les flatte , ils caressent : enfin, les animaux nous offrent une foule d'actions spontanées , où paroissent les images de la raison et de la liberté ; d'autant plus qu'elles sont moins uniformes , plus diversifiées , plus singulieres , moins prévues , accommodées sur - le - champ à l'occasion du moment ; il en est de même qui ont un caractere déterminé , qui sont jaloux , vindicatifs , vicieux.

Ou de deux choses l'une, ou Dieu a pris plaisir à former les bêtes vicieuses et à nous donner en elles des modeles très - odieux , où elles ont comme l'homme un péché originel qui a perverti leur nature. La premiere proposition est contraire à la Bible , qui dit que tout ce qui est sorti des mains de Dieu étoit bon et fort bon. Mais si les bêtes étoient telles alors qu'elles sont aujourd'hui, comment pourroit-on dire qu'elles fussent bonnes et fort bonnes ? Où est le bien qu'un singe soit malfaisant , un chien envieux , un chat perfide , un oiseau de proie cruel ? Il faut recourir à la seconde proposition , et leur supposer un péché originel ; supposition gratuite et qui choque la raison et la religion.

Ce n'est donc point encore une fois par des raisonnemens théoriques que l'on peut tracer la ligne de démarcation entre l'homme et la bête. Notre ame a trop peu de points de contact pour qu'il soit facile , même à la physique, de pénétrer jusqu'à elle , d'effleurer seulement sa substance et sa nature ; on ne sait où fixer son siege. Les uns ont prétendu qu'elle est dans un lieu particulier d'où elle exerce son empire. Descartes a voulu la glande pinéale ; Vieussens le centre ovale ; Lancisi et M. de la Peyronie le corps calleux ; d'autres les corps cannelés. Le climat , sa température , les alimens , un sang épais ou lent , mille causes purement physiques forment des obstructions qui influent sur sa maniere d'être ; ainsi , en poussant les suppositions, on varieroit les effets à l'infini , et l'on montreroit par les résultats, comme il suit assez de l'expérience , qu'il n'y a guere de tête , quelque saine qu'elle puisse être , qui n'ait quelque tuyau fort obstrué.

Le curieux , l'intéressant , l'utile , seroient donc de savoir jusqu'à quel point un être dégradé de l'espece humaine par sa copulation avec la brute , peut être plus ou moins raisonnable ; c'est peut-être la seule maniere d'assieger la nature qui puisse en ce genre lui arracher une partie de son secret ; mais pour y parvenir il auroit fallu suivre les produits , leur donner une éducation convenable , et étudier avec soin ces sortes de phénomenes. On auroit probablement tiré de cette opération plus d'avantage pour le progrès des con-

noissances humaines que des efforts qui apprennent à parler aux sourds et aux muets,
qui enseignent les mathématiques à un aveugle, etc.; car ceux-ci ne nous montrent qu'une
même nature, un peu moins parfaite dans
son principe, en ce que le sujet est privé d'un
ou deux sens, et qu'on a perfectionnée ; au
lieu que le fruit d'une copulation avec la brute,
offrant, pour ainsi dire, une autre nature, mais
entée sur la première, éclairciroit plusieurs
des points dont le développement a tant occupé tous ces êtres pensans.

Il est difficile de mettre en doute qu'il n'ait
existé des produits de la nature humaine avec
les animaux ; et pourquoi n'y en auroit-il
point eu ? La bestialité étoit si commune parmi
les Juifs, qu'on ordonnoit de brûler le fruit
avec les acteurs. Les Juives avoient commerce
avec les animaux (1), et voilà ce qui, selon
moi, est bien étrange ; je conçois comment
un homme rustique ou déréglé, emporté par
la fougue d'un besoin ou les délires de l'imagination, essaie d'une chevre, d'une jument,
d'une vache même; mais rien ne peut m'ap-
privoiser avec l'idée d'une femme qui se fait
éventrer par un âne. Cependant un verset du

(1) Ex. XXII, 19. Lév. VII, 21. XVIII, 23.

Lévitique (1) porte : *la bête, quelle qu'elle soit.* D'où il résulte évidemment que les Juives se prostituoient *à toute espece de bêtes indistinctement ;* voilà ce qui est incompréhensible.

Quoiqu'il en soit, il paroît certain qu'il a existé des produits de chevres avec l'espece humaine. Les satyres, les faunes, les égypans, toutes ces fables en sont une tradition très-remarquable. *Satar* en arabe signifie *bouc ;* et le bouc expiatoire ne fut ordonné par Moyse que pour détourner les Israélites du goût qu'ils avoient pour cet animal lascif (2). Comme il est dit dans l'Exode qu'on ne pouvoit voir la face des dieux, les Israélites étoient persuadés que les démons se faisoient voir sous cette forme (3), et c'est-là le φάσματραγου dont parle Jamblique. On trouve dans Homere de ces apparitions. Manéthon, Denis d'Halicarnasse et beaucoup d'autres offrent des vestiges très-remarquables de ces productions monstrueuses.

On a ensuite confondu les incubes et les succubes avec les véritables produits. Jérémie

(1) XX, 15. (2) Maimonide dans le More Nevochin, p. III, c. XLVI, s'étend sur le culte des boucs.

(3) Lév. XVIII, 7. Exod. XXXIII, 20 et 23.

parle de *faunes suffoquans* (1). Héraclite a
décrit des satyres qui vivoient dans les bois (2)
et jouissoient en commun des femmes dont
ils s'emparoient. Edouard Tyson a traité dans
le même genre des pygmées, des cynocépha-
les, des sphinx; ensuite il décrit les orang-
outangs et les aigo-pithecoi , qui sont les
classes des singes qui se rapprochent absolument de l'espece humaine; car un bel orang-
outang , par exemple , est plus beau qu'un
laid Hottentot. Munster sur la Genese et le
Lévitique a fait le θραγομόρφι de tous ces monstres , et a trouvé des choses fort curieuses des
rabbins. Enfin, Abraham Seba admet des ames
à ces faunes (3), desquels il paroît qu'on ne
peut guere contester l'existence.

Nous n'avons rien d'aussi positif, il est vrai,
sur les centaures et les minotaures; mais il n'y
a pas plus d'impossibilité à ce qu'ils aient été,
qu'à l'existence des produits d'autres espè-

____

(1) Jérém. L. 39. *Faunis sicariis* et non pas *ficariis*.
Car *des Faunes qui avoient des figues* ne voudroit rien dire.
Cependant Saci l'a traduit ainsi; car les Jansénistes affec-
tent la plus grande pureté de mœurs; mais Berruyer soutient
le *sicarii*, et rend ses Faunes très-actifs.

(2) Dans son traité c. XXV.

(3) Dans son ouvrage intitulé : *Tseror hammor*. (*Fasci-
culus myrrhæ.*)

ces (1). Dans le siecle passé il fut beaucoup question de l'homme cornu qu'on présenta à la cour. On connoît l'histoire de la fille sauvage, religieuse à Châlons, qui vit encore, et qui pourroit très-bien avoir quelque affinité avec les habitans des bois. Feu M. le Duc avoit à Chantilly un orang-outang qui violoit les filles; il fallut le tuer. Tout le monde a lu ce que Voltaire a écrit sur les monstres d'Afrique. Il paroît que cette partie du monde, que l'on ne connoît que bien peu, est le théâtre le plus ordinaire de ces copulations contre nature ; il faut en chercher probablement la cause dans la chaleur, plus excessive dans ces contrées qu'en aucun autre endroit du globe, parce que le centre de l'Afrique, qui est sous la ligne, est plus éloigné des mers que les terres des autres parties du monde situées dans des latitudes semblables. Les accouplemens monstrueux y doivent donc être assez communs, et ce seroit-là la véritable école des altérations, des dégradations (2), et peut-être

(1) Cependant la vulve de la vache, par exemple, se proportionne moins au membre viril que celle de la chevre ou de la guenon. Aussi les grands animaux retiennent-ils plus difficilement.

(2) Le roi de Loango, en Afrique, quand il siege sur son trône, est entouré d'un grand nombre de nains remarquables par leur difformité. Ils sont assez communs dans

du *perfectionnement* physique de l'espece humaine. Je dis du *perfectionnement* ; car qu'est-ce qu'il y auroit de plus beau dans les êtres animés que la forme du centaure , par exemple ?

Notre illustre Buffon a déjà fait en ce genre tout ce qu'un particulier , qui n'est pas riche , peut se permettre. Nous avons la suite de ces variétés dans les especes de chiens , les accouplemens de différentes especes d'animaux , l'histoire des produits des mulets , découverte entiérement neuve, etc. Mais ce grand homme ne nous a pas donné ses expériences sur les mélanges des hommes avec les bêtes , et c'est ce qu'il faudroit imprimer , afin qu'il fût possible de suivre ses vues , et qu'en perdant un si beau génie , nous ne perdissions pas la suite de ses idées.

La bestialité existe plus communément qu'on ne croit en France ; non par goût , heureusement , mais par besoin. Tous les pâtres des

ses états. Ils n'ont que la moitié de la taille d'un homme ordinaire; leur tête est fort large , et ils ne sont vêtus que de peaux d'animaux. On les nomme *Mimos* ou *Bakkebakke*. Lorsqu'ils sont auprès du roi , on les entremêle avec des negres blancs pour faire un contraste. Cela doit former un spectacle fort bizarre et qui n'est bon à rien ; mais si le roi de Loango mêloit ces races, on auroit peut-être des résultats très-curieux.

Pyrénées sont bestiaires. Une de leurs plus exquises jouissances est de se servir des narines d'un jeune veau, qui leur leche en même temps les testicules. Dans toutes ces montagnes peu fréquentées, chaque pâtre a sa chevre favorite. On sait cela par les curés Basques. On devroit, par la voie de ces curés, faire soigner ces chevres engrossées, et recueillir leurs produits. L'intendant d'Auch pourroit aisément parvenir à ce but, sans faire révéler des confessions (1) (abus de religion atroce dans tous les cas;), il pourroit se procurer de ces produits monstrueux par ces curés ; le curé demanderoit à son pénitent *sa maîtresse*, qu'il remettroit au subdélégué de l'endroit, sans révéler le nom de l'*amant*. Je ne vois pas quel inconvénient il y auroit à tourner au profit des progrès des connoissances humaines, un mal que l'on ne sauroit guere empêcher.

(1) C'est dommage que les Romains n'aient pas eu comme nous la confession auriculaire ; nous saurions tous leurs petits secrets domestiques, comme on sait les nôtres. On sauroit si les romains déshonoróient aussi brutalement le mariage que nous le faisons. Enfin , nous n'avons pas même de détails sur les conversations des bourgeois. Rien ne devoit être plus plaisant que les entretiens d'une famille qui avoit été le matin sacrifier à Priape; les jeunes filles et les jeunes garçons de la famille devoient avoir tout le reste de la journée de singulieres idées.

L'ANOSCOPIE.

On sait que dans tous les siecles, les jongleurs, les charlatans, devins, médecins, politiques ou philosophes (car il en est de toutes ces sortes), ont eu plus ou moins d'influence. La nature de l'homme, sans cesse ballotée entre le desir et la crainte, offre tant d'hameçons à l'usage de ceux qui établissent leur crédit ou leur fortune sur la crédulité de leurs semblables, qu'il y a toujours pour eux quelque heureuse découverte à faire dans l'océan sans bornes des sottises humaines ; et quand on se contenteroit de rajeunir les vieilles fascinations, les folies surannées, cet appât est si bien proportionné à l'avidité ignorante et grossiere du peuple, auquel il est sur-tout destiné, que son effet est infaillible, quelqu'ignorans et mal-adroits que puissent être les professeurs dans l'art si facile de tromper les hommes. La philosophie et la physique expérimentale plus cultivées, en détrompent sans doute un grand nombre ; mais celui où le progrès des connoissances humaines peut pénétrer, sera toujours de beaucoup le plus petit.

Le mot de *devin* se trouve très-souvent dans

la Bible ; ce qui justifie l'ancienne remarque qu'il n'y a eu parmi les auteurs sacrés que peu ou point de philosophes. Moyse défend gravement de consulter les devins. « La per-
» sonne, dit-il, qui se détournera après les
» devins et les sorcieres en *paillardant* avec
» eux, je mettrai ma face contre la sienne (1). »
Il y a plusieurs classes de sorciers indiqués dans l'Ecriture.

Le *Chaumien* en hébreu signifioit sages. Mais cette expression étoit fort équivoque et sus- ceptible des diverses acceptions de *sagesse vraie*, *sagesse fausse*, *maligne*, *dangereuse*, *affectée*. Ainsi dans tous les tems il fut des hommes assez politiques, assez habiles pour faire servir les apparences de la sagesse à leurs intérêts, au succès de leurs passions ; et pour détourner l'étude, la science et le talent du seul emploi qui les honore ; je veux dire la recherche et la propagation de la vérité.

Les *Mescuphins* étoient ceux qui devi- noient dans des choses écrites les secrets les plus cachés ; les tireurs d'horoscopes, les in- terpretes des songes, les diseurs de bonne aventure manœuvroient ainsi.

Les *Carthumiens* étoient les enchanteurs ; par leur art ils fascinoient les yeux et sem-

____
(1) Lév. XX. 16.

bloient opérer des changemens fantastiques ou véritables dans les objets et dans les sens.

Les *Asaphins* usoient d'herbes, de drogues particulieres et du sang des victimes pour leurs opérations superstitieuses.

Les *Casdins* lisoient dans l'avenir par l'inspection des astres : c'étoient les astrologues de ce tems-là.

Ces honnêtes gens qui ne valoient assurément pas nos Comus, étoient en fort grand nombre ; ils avoient dans les cours des plus grands rois de la terre un crédit immense ; car la superstition, qui a si bien servi le despotisme, l'a toujours soumis à ses lois ; et du sein de cette confédération terrible qui a ourdi tous les maux de l'humanité ; le triomphe de la superstition a toujours jailli ; les ministres de la religion étoient trop habiles pour se dessaisir d'aucune des parties de leur pouvoir ; ils conserverent avec soin tout ce qui avoit trait à la divination ; ils se donnerent en tout pour les confidens des dieux, et ceignirent aisément du bandeau de l'opinion des hommes qui ne savoient pas même douter, science qui est à peu près la derniere dont l'homme s'instruise.

De tous les peuples qui ont rampé sous le joug de la superstition, nul n'y fut plus

soumis

soumis que les Juifs : on recueilleroit dans leur histoire une infinité de détails sur leurs pratiques folles et coupables. La grace que Dieu leur faisoit en leur envoyant des prophetes pour les instruire de sa volonté , devenoit pour ces hommes grossiers et curieux un piege auquel ils n'échappoient pas. L'autorité des prophetes , leurs miracles , le libre accès qu'ils avoient auprès des rois , leur influence dans les délibérations et les affaires publiques , les faisoient tellement considérer par la multitude, que l'envie d'avoir part à ces distinctions , en s'arrogeant le don de prophétie , devenoit une passion dévorante ; en sorte que si l'on a dit de l'Egypte que tout y étoit *dieu* , il fut un tems où l'on pouvoit dire de la Palestine que tout y étoit *prophete* ; il y en eut sans doute plus de faux que de vrais ; on n'ignore pas même que les juifs avoient des enchantemens et des philtres particuliers pour inspirer le don de prophétie , dans lesquels ils faisoient usage de sperme humain , de sang menstruel , et de tout plein d'autres choses aussi inutiles que dégoûtantes à avaler ; mais les miracles sont une chose si aisée à opérer aux yeux du peuple , et la pieuse obscurité des discours , le ton apocalyptique , l'accent enthousiaste sont si imposans , que les succès furent très-partagés entre les vrais et les faux prophetes ; ceux-ci eurent recours aux arts et aux sciences occultes ; ils firent ressource de tout, et parvinrent à élever autel contre autel.

Moyse lui-même nous dit dans l'Exode que les enchanteurs de Pharaon ont opéré des miracles vrais ou faux ; mais que lui, envoyé du Dieu vivant, et soutenu de son pouvoir, en a fait de beaucoup plus considérables, qui ont grièvement affligé l'Egypte, parce que le cœur de son roi étoit endurci. Nous devons le croire religieusement, et sur-tout nous applaudir de n'en avoir pas été spectateurs. Aujourd'hui que l'illusion des joueurs de gobelets, tout ce que la méchanique peut avoir de plus propre à surprendre, à induire en erreur, les étonnans secrets de la chymie, les prodiges sans nombre qu'ont opérés l'étude de la nature et les belles expériences qui chaque jour levent une petite partie du voile qui couvre ses opérations les plus secretes ; aujourd'hui, dis-je, que nous sommes instruits de tout cela jusqu'à un certain point, il seroit à craindre que notre cœur ne s'endurcît comme celui de Pharaon ; car nous connoissons infiniment moins le démon que les secrets de la physique ; et, comme on l'a remarqué, il semble que, grace au goût de la philosophie qui nous investit et franchit peu à peu les barrieres, même jusqu'ici les plus impénétrables, l'empire du démon va tous les jours en déclinant.

Peut-être seroit-ce un ouvrage assez curieux que l'histoire détaillée, autant qu'elle peut l'être, des augures, des aruspices, des prophetes, de leurs manœuvres : des divinations de toute espece, décrites ou dévoilées par l'œil sévere et perspicace d'un philosophe. Mais de toutes celles qu'il pourroit exposer aux yeux dessillés des nations, il n'en seroit pas de plus bizarre que celle qui sauva d'une triste catastrophe une société fameuse par son zele pour la propagation de la foi, et qui, trop persuadée que cette foi suffisoit pour pénétrer dans les ténebres de l'avenir, contracta, avec une légéreté fort imprudente, un engagement qu'elle n'auroit pu remplir, sans le secours fortuit d'un horoscope très-étrange.

Un essaim de Jésuites, envoyé à la Chine, y prêchoit la vraie religion, lorsqu'une sécheresse effroyable sembla destiner cet empire à n'être plus qu'un vaste tombeau ; les Chinois alloient périr, et avec eux les Jésuites, vainement invoqués par le despote, sans un miracle qu'ils pressentirent avec une merveilleuse sagacité, et qui a rendu à jamais cette société fameuse dans ces contrées desolées. Un poëte moderne a raconté cette anecdote d'une manière plus piquante que nous ne le saurions faire, et nous nous bornerons à transcrire ses vers, sans approuver ses licences.

> Fiers rejettons du fameux Loyola,
> Dont Port-Royal a foudroyé l'école ;
> Vous que jadis sans cesse harcela
> Le grand Pascal étayé de Nicole ;
> Vous qui , de Rome usant les arsenaux ,
> Fîtes frapper du fatal anathême ,
> Pour soutenir votre lâche systême ,
> Les Augustins sous le nom des Arnaud ;
> Vous , dont Quesnel , digne fils de Bérule ,
> A tant de fois éprouvé la férule ,
> Et qui voyant dans ses puissans écrits ,
> Des Molina les sentimens proscrits ,
> Contre son livre , au benin Clément onze ,
> Fîtes pointer le redoutable bronze ;
> Vous qui dans Chine alliez à la fois ,
> Confucius et Dieu mort sur la croix ;
> Et dont le culte équivoque et commode ,
> Rapporte à Dieu celui d'une pagode.
> De la morale éternels corrupteurs ;
> Qui du salut élargissez la voie ,
> Et qui guidant par des chemins de fleurs ,
> Les pénitens que le ciel vous envoie ,
> Au champ de Dieu ne semez que l'ivroie ;
> Dès grands du siecle adroits adulateurs ,

Vils artisans de mensonge et de fourbe,
De qui le dos sous l'iniquité courbe ;
Qui, démasqués et par-tout reconnus
Etes pourtant par-tout les bien-venus.
(Car il n'est lieu de l'un à l'autre pôle,
Où Dieu merci n'ayez le premier rôle ,)
Dites-nous donc , par quel puissant moyen,
Vous trouvez l'art d'en imposer aux autres,
Et de coëffer la mître des apôtres ,
Chez l'infidele et le peuple chrétien ?
Si l'on en croit vos longs martyrologes ,
Où le mensonge a tracé vos éloges ,
L'Inde rougit du sang de nos martyrs:
Sur un trépied vous rendez des oracles ;
Et le payen avide de miracles ,
Les voit éclore au gré de ses desirs.
L'aride mort au teint livide et blême ,
Lâche sa proie à votre voix suprême ;
Par vous le sang qu'elle a coagulé ,
Dans les vaisseaux a de nouveau coulé ;
A l'ordre seul d'un petit taumaturge,
L'air de vapeurs ou se charge ou se purge ,
Et vous avez à vos commandemens ,
Le vent , la foudre , et tous les élémens.

A ce propos on m'a fait certain conte ,
Mes révérends , qu'il faut que je vous conte ;
A Lima , dans Golconde, où la terre en son sein ,
De ses sablons forme la riche pierre ,
Dont le poli réfléchit la lumiere
En cent façons , étoit un jeune essaim
D'Ignaciens , qui dans l'ame Indienne ,
Alloit, Dieu sait , plantant la foi chrétienne.
Tous les beaux fils qu'à l'Inde sur son bord ,

Etoient par eux catéchisés d'abord.
Les cordeliers qu'ils avoient pour annexe,
De leur côté baptisoient le beau sexe.
Tout alloit bien ; et leur apostolat
Fructifioit , moyennant ce partage ,
Si , que de Dieu , le nouvel héritage
Alloit croissant avec beaucoup d'éclat.
Là , le démon qu'en figure de bronze ,
Fait adorer l'ignorance du Bonze ,
Graces aux fils d'Ignace et de François ,
Alloit perdant tous les jours de ses droits.

L'Ignacien à ces nouvelles plantes ,
Distribuoit les graces suffisantes ,
Si largement que l'efficace là
Glanoit après les fils de Loyola
Petitement. Quoiqu'il en soit , les drôles ,
Par maints bons tours , maintes belles paroles,
Passoient pour saints , se faisoient vénérer
Du peuple Indien qu'ils savoient attirer.
Le bruit en vint jusqu'au roi de Golconde :
Ce prince étoit un vieux payen fieffé ,
Qui de son diable étoit si fort coëffé ,
Qu'il n'encensoit que cet esprit immonde ;
Il vouloit voir cés apôtres nouveaux ,
Que de son diable on disoit les rivaux.
Bien croyoit-il entendre des oracles ,
Et comme Hérode aller voir des miracles.
Nos révérends , le crucifix en main ,
Lui prêchent Dieu , mort pour le genre humain ,
En déclamant contre le simulacre
De Satanas. Le roi dont la bile âcre
Jà s'échauffoit à leurs beaux plaidoyers ,
Leur dit : messieurs , quand aux dieux on insulte,

Et qu'on annonce un si singulier culte ;
Encore faut-il de preuves l'étayer.
Depuis six mois la sécheresse afflige
Tout mon royaume ; et votre zele exige
Que de ce Dieu vous obteniez de l'eau.
Si dans trois jours vous n'en faites répandre,
Comme imposteurs je vous ferai tous pendre :
Pensez-y bien. Nos frocards eurent beau
Représenter à l'absolu monarque ,
Que ce seroit tenter le tout-puissant;
Nous connoîtrons, dit-il , à cette marque ,
S'il est le Dieu sur la terre agissant.
Force fut donc aux moines d'en promettre ,
Sauf de tenter l'avis du barometre ,
Qui consulté par eux tous les instans ,
Ne répondoit jamais que du beau tems.
Tous de concert alloient plier bagage ,
Pour le martyre éprouvant peu d'attraits ,
Quand un frater qu'ils laissoient là pour gage ,
Et qui pour eux auroit payé les frais ,
D'un tel départ leur demanda la cause.
Las ! dirent-ils , le prince nous propose
De décorer nos collets de la hard ,
S'il ne pleut pas dans trois jours au plus tard.
Quoi ! voilà tout ? allez , reprit le frere ,
Par Loyola , patron du monastere ,
Dites au roi que dès demain matin
Nous en aurons, ou j'y perds mon latin.
Pas ne mentoit notre moderne Elie :
Du sein des mers un nuage élevé ,
A point nommé de sa féconde pluie ,
Vit du pays chaque champ abreuvé.
Et de crier en Golconde au miracle ,

Et de donner le bon frere en spectacle,
Qui dit tout bas à nos moines joyeux ;
Mes révérends , si j'ai tenu parole ,
Vous le devez à certaine v.....
Qu'exprès pour vous me conservoient les cieux.
Toutes les fois que l'atmosphere aride,
Va condensant de nouvelles vapeurs,
L'air surchargé de l'élément humide,
Ne manque pas de doubler mes douleurs.
On n'en dit mot à messieurs de Golconde ,
Dans le pays il resta constaté,
Que ce n'étoit qu'un fruit de sainteté ,
Et non celui de cette peste immonde ,
Dont le pénard se trouvoit infecté.
Puisque le bien naît ainsi du désordre ,
Que le bon Dieu la conserve à tout l'ordre.

On voit, toute plaisanterie à part , combien cet étrange barometre fut utile et à la Chine et aux missionnaires qui en ont rapporté leur fameuse querelle sur l_s lavemens. Les Chinois ne connoissent cette sorte d'injection qu'on porte dans les intestins par le fondement que depuis l'introduction des Jésuites dans leur empire ; aussi ces peuples, en s'en servant, l'appellent-ils *le reme.!e des barbares.*

Les Jésuites qui voyoient que le mot ignoble de *lavement* avoit succédé à celui de *clystere* , gagnerent l'abbé de S. Cyran , et employerent leur crédit auprès de Louis XIV , pour obtenir que le mot *lavement* fût mis au nombre des expressions déshonnêtes ; en sorte que l'abbé de S. Cyran les reprocha au pere Garasse, qu'on appelloit l'Hélene de la guerre des Jésuites et des Jansénistes : « mais, di- soit le pere Garasse, je n'entends par *lave-* » *ment* que *gargarisme* : ce sont les apothi- » caires qui ont profané ce mot à un usage » messéant. » On substitua donc le mot *re- mede* à celui de *lavement*. *Remede* , comme équivoque, parut plus honnête, et c'est bien là notre genre de chasteté. Louis XIV ac- corda cette grace au pere le Tellier. Ce prince ne demanda plus de *lavement*, il demandoit *son remede* ; et l'académie fut chargée d'in- sérer ce mot avec l'acception nouvelle dans son dictionnaire. . . . . . Digne objet d'une in- trigue de cour !

Il paroît que cette honteuse maladie, ap- pellée *cristalline*, qui fut le *barometre jésui- tique* dans la patrie de Confucius, et qui, dit - on, se perpétuoit dans l'ordre des Jé- suites de pere en frere, n'étoit autre chose que la maladie dont parle l'Ecriture : *Le Seigneur frappa ceux de la ville et de la campagne dans le fondement* (1). C'est pour la guérison de cette maladie que les Jésuites

(1) Rois 1 , vers. 26.

ont une messe imprimée dans un missel (1)
à l'honneur de S. Job. Il n'y a rien là qui
forme inconséquence avec leur morale ; car
il est certain que leurs casuistes encouragent
à braver le danger de la cristalline , bien loin
de l'improuver , quand ils croient que l'œuvre de Dieu peut y être intéressé. On lit dans
le recueil du pere Jésuite Anusin un singulier
fait arrivé à l'un de leurs novices qui s'amu-
soit avec un jeune homme , et qui fut surpris ,
au milieu de ses ébats , par un de ses confreres. Celui-ci avoit eu la prudence d'observer à travers la serrure et de se taire ; mais
quand l'opération fut finie et le novice sorti ,
« malheureux , lui dit son camarade , que
» viens-tu de faire ? J'ai tout vu ; tu mé-
» riterois que je te dénonçasse ; tu es encore
» tout enflammé de luxure . . . . . tu ne peux
» pas nier ton crime . . . . Eh ! mon cher
» ami, répond le coupable d'un ton de con-
» fiance et d'affection , vous ne savez donc
» pas que c'est un Juif ; Je le convertirai ,
» ou il restera l'ennemi de J. C. Dans l'une
» ou l'autre supposition , n'ai - je pas raison
» de le séduire , ou pour le sauver, ou pour
» le rendre plus coupable ? » A ces mots le
novice observateur persuadé , convaincu , pé-

(1) A Venise en 1542.

nétré d'admiration, se prosterne, baise les
pieds de son confrere, fait son rapport; et
le novice agent est enregistré parmi les opé-
rateurs des œuvres du Très-Haut.

LA LINGUANMANIE.

Si l'on réduisoit toutes les passions de l'homme à ses affections primitives, tous ses idiômes à l'expression de ses pensées-meres, si je puis parler ainsi, en dépouillant celles-là de toutes les nuances dont il les a défigurées, et ceux-ci de toutes les acceptions dont il a surchargé leurs signes, les dictionnaires seroient moins volumineux et les sociétés moins corrompues.

Par exemple, combien l'imagination n'a-t-elle pas brodé en amour le canevas de la nature ? Si ses efforts se fussent bornés à l'embellir des illusions morales les plus touchantes, nous devrions nous en applaudir. Mais il y a beacoup plus d'imaginations déréglées que d'imaginations sensibles; et voilà pourquoi il y a plus de libertinage que de tendresse parmi les hommes ; voilà pourquoi il faut maintenant une foule d'épithetes pour retracer toutes les nuances d'un sentiment, qui tiede ou exalté, vicieux ou héroïque, généreux ou coupable, n'est après tout et ne sera jamais que le penchant plus ou moins vif d'un sexe vers l'autre. L'impudicité, la lubricité, la lasciveté, le libertinage, la mélancolie érotique sont des qualités très-distinctes, et ne sont cependant que des nuances plus ou moins fortes des mêmes sensations. La lubricité, la lasciveté, par exemple, sont des aptitudes purement naturelles au plaisir ; car plusieurs especes d'animaux sont lascifs et lubriques, mais il n'en est point d'*impudiques*. L'impudicité est une qualité inhérente à la nature raisonnable, et non pas une propension naturelle, comme la lubricité. L'impudicité est dans les yeux, dans la contenance, dans les gestes, dans les discours : elle annonce un tempérament très-violent, sans en être la preuve bien certaine ; mais elle promet beaucoup de plaisir dans la jouissance, et tient sa promesse, parce que l'imagination est le véritable foyer de la jouissance que l'homme a variée, prolongée, étendue par l'étude et le rafinement des plaisirs.

Mais enfin ces dénominations et toutes les autres de cette espece ne sont autre chose qu'un appétit violent qui porte à jouir sans mesure, à chercher sans cette retenue, peut-être plus naturelle qu'on ne croit, mais dans sa plus grande partie d'institution humaine ; à chercher, dis-je, sans cette retenue que

nous appellons *pudeur* , les moyens les plus
variés , les plus industrieux, les plus sûrs de
se satisfaire, d'éteindre des feux qui dévorent,
mais dont la chaleur est si séduisante, qu'on
les provoque après les avoir éteints.

Cet état tient purement à la nature, et à
notre constitution. C'est la faim, le sentiment
du besoin de prendre sa nourriture, lequel par
excès de sensualité produit la gourmandise ,
et par la privation trop longue des moyens
de se satisfaire , dégénere en rage. Le désir
de la jouissance, qui est un besoin tout aussi
naturel , quoique moins fréquent et plus ou
moins impérieux, selon la diversité des tempéramens , se porte quelquefois jusqu'à la
manie, jusqu'aux plus grands excès physiques
et moraux, qui tous tendent à la jouissance
de l'objet par lequel peut être assouvie la
passion ardente dont on est agité.

Cette fievre dévorante s'appelle chez les
femmes *nimphomanie* ; elle s'appelleroit
chez les hommes *mentulomanie* , s'ils y étoient
aussi sujets qu'elles ; mais leur conformation
s'y oppose, et plus encore leurs mœurs qui,
exigeant moins de retenue et de contrainte ,
et ne comptant la pudeur qu'au nombre de
ces raffinemens dont l'industrie humaine a su

embellir ou nuancer les attraits de la nature ,
ne les exposent point aux ravages des desirs
trop réprimés ou trop exaltés. D'ailleurs nos
organes étant beaucoup plus susceptibles de
mouvemens spontanés que ceux de l'autre
sexe , l'intensité des desirs peut rarement être
aussi dangereuse , bien que les hommes aussi
bien que les femmes aient des maladies produites par une cause à peu près pareille (1); mais
dont une constitution mâle , plus aisée à dé-
tendre , ne sauroit être aussi long-tems pénétrée.

Il seroit triste , il seroit hideux de raconter
les effets si bizarres de la nymphomanie.
Peut-être le déréglement de l'imagination y
contribue - t - il beaucoup plus que l'énergie
vénérienne , que le sujet qui en est attaqué
a reçu de la nature. En effet le prurit de la
vulve n'est point du tout la nymphomanie. Le
prurit peut être à la vérité une disposition
à cette manie ; mais il ne faut pas croire
qu'il en soit toujours suivi. Il excite , il force
à porter les doigts dans les conduits irrités ;
à les frotter pour se procurer du soulagement,
comme il arrive dans toutes les parties du
corps que l'on agace dans la même vue, pour
y atténuer les causes irritantes. Ces titillations,

Le Satyriasis, le Priapisme, la Salacié, etc.

ces attouchemens , quelques vifs et desirés qu'ils puissent être , se font du moins sans témoins ; au lieu que ceux qu'occasionne la nymphomanie bravent les spectateurs et les circonstances. C'est que le prurit ne s'établit que dans la vulve , au lieu que la manie forcenée de la jouissance réside dans le cerveau. Mais la vulve lui transmet en outre l'impression qu'elle reçoit avec des modifications propres à investir l'ame d'une foule d'idées lascives : de là ce feu s'alimente lui-même ; car la vulve est affectée à son tour par l'influence de l'ame avide de volupté , indépendamment de toute impression des sens , et réagit sur le cerveau. Ainsi l'ame est de plus en plus profondément pénétrée de sensations et d'idées lascives , qui , ne pouvant pas subsister trop long-tems sans la fatiguer , détermine sa volonté à faire cesser cette inquiétude attachée à la prolongation de tout sentiment trop vif , à employer tous les moyens imaginables pour parvenir à ce but.

Il est incroyable combien l'industrie humaine , aiguisée par la passion , a varié les moyens de donner du plaisir , ou plutôt les attitudes du plaisir ; car il est toujours le même , et nous avons beau lutter contre la nature, nous ne dépasserons pas son but. Elle

paroît

paroît avoir distribué à la vérité beaucoup
de provoquans dans ses productions (1) ;
mais il est certain que les fibres du cerveau
s'étendent indépendamment d'aucune affection immédiate de la nature. Tout ce qui
échauffe l'imagination , agace les sens ou
plutôt la volonté à laquelle très-souvent les
sens ne suffisent point, et ceux-ci sont au
moins autant aidés par celle-là , que l'imagination peut jamais l'être par le tempérament
le plus vif, le plus ardent, par les sens les
mieux disposés , les mieux servis de l'âge et
des circonstances.

Ensuite comme c'est le propre de toutes
les passions de l'ame de devenir plus violentes , en raison de la résistance , et que la
nymphomanie n'est pas facile à contenter ,
elle finit par être insatiable. Les femmes qui
en sont atteintes ne gardent plus aucune mesure ; et ce sexe si bien fait pour une molle
résistance , pour étaler tous les charmes de
la timide pudeur , déshonore, dans cette af-
freuse maladie, ses attraits par les plus sales
prostitutions ; il demande , il recherche , il

(1) Sennert cite une femme qui, ayant bu un peu
de borax dissous, tomba en nymphomanie : et Muller
conseille le musc mêlé avec des huiles aromatiques , introduit d'une maniere quelconque , pour lubrifier le vagin.

L

attaque : les desirs s'irritent par ce qui sembleroit devoir suffire pour les assouvir, et qui suffiroit en effet si le simple prurit de la vulve sollicitoit le plaisir. Mais quand le foyer du desir est le cerveau, il s'accroît sans cesse; et Messaline, plutôt lassée que rassasiée (1), court sans relâche après le plaisir et l'amour qui la fuit avec horreur.

Il faut en convenir cependant, l'observation nous offre en ce genre quelques phénomenes qui semblent le simple ouvrage de la nature. M. de Buffon a vu une jeune fille de douze ans, très-brune, d'un teint vif et très-coloré, de petite taille, mais assez grasse, déja formée et ornée d'une jolie gorge, qui faisoit les actions les plus indécentes au seul aspect d'un homme. La présence de ses parens, leurs remontrances, les plus rudes châtimens, rien ne la retenoit; elle ne perdoit cependant pas la raison, et ses accès affreux cessoient quand elle étoit avec des femmes. Peut-on supposer que cet enfant avoit déja beaucoup abusé de son instinct ?

---

(1) *Mox lenone suas jam dimittente puellas,*
Tristi subit. Sed quod potuit tamen ultimam cellam,
Clausit, adhuc ardens rigidæ tentigine vulvæ
Et resupina jacens multorum absorbuit cetus
Et lassata viris, nec dum satiata recessit.

(Juv. lib. II, sat. 6.)

En général , les filles brunes , de bonne santé , d'une complexion forte , qui sont vierges, et sur-tout celles qui, par leur état , semblent destinées à ne pouvoir cesser de l'être , les jeunes veuves , les femmes qui ont des maris peu vigoureux , ont le plus de disposition à la nymphomanie , et cela seul prouveroit que le principal foyer de cette maladie est dans une imagination trop aiguisée, trop impétueuse ; mais que l'inaction, contre nature , des sens pourvus de force et de jeunesse, en est aussi un des principaux mobiles. Il est donc juste que chaque individu consulte son instinct dont l'impulsion est toujours sûre. Quiconque est conformé de maniere à procréer son semblable, a évidemment droit de le faire ; c'est le cri de la nature qui est la souveraine universelle, et dont les loix méritent sans doute plus de respect que toutes ces idées factices d'ordre, de régularité, de principes dont nous décorons nos tyranniques chimeres, et auxquelles il est impossible de se soumettre servilement : qui ne font que d'infortunées victimes ou d'odieux hypocrites, et qui ne reglent rien pas plus au physique qu'au moral, que les contrariétés faites à la nature ne peuvent jamais ordonner. Les habitudes physiques exercent un empire

L 2

très-réel , très-despotique , souvent très-fu-
neste , et exposent plus souvent à des maux
cruels qu'elles n'arment contr'eux. La machine humaine ne doit pas être plus réglée
que l'élément qui l'environne ; il faut travailler, se fatiguer même, se reposer, être inactif,
selon que le sentiment des forces l'indique.
Ce seroit une prétention très-absurde et très-
ridicule que de vouloir suivre la loi d'uni-
formité , et se fixer à la même assiette, quand
tous les êtres avec lesquels on a des rapports
intimes sont dans une vicissitude continuelle.
Le changement est nécessaire , ne fut-ce que
pour nous préparer aux secousses violentes
qui quelquefois ébranlent les fondemens de
notre existence. Nos corps sont comme des
plantes , dont la tige se fortifie au milieu des
orages par le choc des vents contraires.

L'exercice , une gymnastique bien conçue
seroient sans doute la ressource la plus efficace contre les suites dangereuses de la vie
inactive ; mais cette ressource n'est pas également à l'usage des deux sexes. L'équitation,
par exemple, ne paroît pas très-convenable
aux femmes , qui ne peuvent guere en user
qu'avec danger , ou avec des précautions qui
la rendent presque inutile. Il est si vrai que
la nature ne les a pas disposées pour cet

exercice ; que là seulement elles paroissent perdre les graces [qui leur sont particulieres , sans prendre celles du sexe qu'elles veulent imiter.

La danse paroît plus compatible aux agrémens propres aux femmes ; mais la maniere dont elles s'y livrent est souvent plus capable d'énerver que de fortifier les organes. Les anciens qui ont eu le grand art de faire servir les plaisirs des sens au profit du corps , avoient fait de la danse une partie de leur gymnastique; ils employoient la musique pour calmer ou ·diriger les mouvemens de l'ame ; ils embellissoient l'utile , ils rendoient salutaire la volupté.

Mais si dans la naissance des corps politiques les amusemens furent assortis à la sévérité des institutions dont ces corps tiroient leur forcé , ils dégénérerent bien rapidement avec leurs mœurs (1) : et si les anciens s'oc-

(1) Je doute, par exemple, que la *corycomachie* ou la *coricobolie*, qui étoit la quatrieme sphérique des Grecs, ait resté en usage chez eux, lorsqu'ils furent devenus le peuple le plus élégant de la terre. On suspendoit au plancher un sac rempli de corps lourds ; on le prenoit à deux mains , et on le portoit aussi loin que la corde pouvoit s'étendre ; après quoi lâchant le sac , ils le suivoient ; et lorsqu'il revenoit vers eux , ils se reculoient pour céder à la violence du choc, puis le repoussoient avec force. (Voyez M. Bu-

-cuperent d'abord à trouver tout ce qui pouvoit augmenter les forces et conserver la
santé, ils en vinrent à ne chercher qu'à faciliter et étendre les jouissances; et c'est encore ici une occasion de remarquer combien
nous les exaltons pour nous calomnier nous-
mêmes. Quel parallele y a-t-il à faire de nos
mœurs avec l'esquisse que je vais tracer !

Quand une femme avoit *coricobolé* une
demi-heure, de jeunes personnes, soit filles,
soit garçons, selon le goût de l'actrice, l'es-
suyoient avec des peaux de cygne. Ces jeunes
gens s'appelloient *Jairaliptæ*. Les *Unctores*
répandoient ensuite les essences. Les *Frica_
tores* détergeoient la peau. Les *Alipilarili*
épiloient. Les *Dropacistæ* enlevoient les corps
et les durillons. Les *Paratiltriæ* étoient de
petits enfans qui nétoyoient toutes les ou-
vertures, les oreilles, l'anus, la vulve, etc.
Les *Picatrices* étoient de jeunes filles uniquement chargées du soin de peigner tous
les cheveux que la nature a répandus sur le
corps, pour éviter les croisemens qui nuisent
aux intromissions. Enfin, les *Tractatrices* pé-
trissoient voluptueusement toutes les jointures

rette sur la gymnastie des Grecs et des Romains.) Je ne
crois pas qu'un tel exercice ait été du goût des petites maîtresses d'aucun siecle.

pour les rendre plus souples. Une femme ainsi préparée, se couvroit d'une de ces gazes, qui, selon l'expression d'un ancien, ressembloient à *du vent tissu*, et laissoit briller tout l'éclat de la beauté ; elle passoit dans le cabinet des parfums, où au son des instrumens qui versoient une autre sorte de volupté dans son ame, elle se livroit aux transports de l'amour. . . . Portons-nous les rafinemens de la jouissance jusqu'à cet excès de recherches (1) !

(1) Une simple nomenclature d'une très-petite partie des mots de leur dictionnaire de volupté, si je puis parler ainsi, peut décider la question.

La *corycobole* étoit une tronchine.

Les *jatraliptes*, les essuyeurs en cygne.

Les *unctores*, les parfumeuses.

Les *fricatores*, les frotteuses.

Les *tractatrices*, les pressureuses ou pétrisseuses.

Les *dropacista*, les enleveuses de durillons.

Les *alipsiaires*, les épilateurs.

Les *paratiltres*, les vulvaires.

Les *picatrices*, les parfileuses en vulves.

La *samiane*, le parterre de la nature. (V. ci-après.)

L'*hircisse*, le bouquinage des vieilles.

La *conrobole*, (pour peu que l'on sache le grec l'on m'entend.)

La *clitoride*, ou contraction du clitoris.

La *corinthienne*, la mobilité des charnieres.

La *lesbienne*, les cunni-langues.

La *sphnissiende*, le postillon.

Il seroit possible d'apporter en preuve de notre infériorité en fait de libertinage, par rapport aux anciens, une infinité de passages qui étonneroient nos satyres les plus déterminés. Nous avons déja montré dans un morceau de ces mélanges très-en raccourci, ce que le peuple de Dieu savoit faire (2). Erasme a recueilli dans les auteurs Grecs et Romains une foule d'anecdotes et de proverbes qui supposent des faits dont l'imagination la plus hardie est effrayée : j'en citerai quelques-uns.

Nous n'avons point, par exemple, de mauvais lieux qui puissent nous donner une idée de ce qu'on appelloit à Samos *le parterre de*

La *phicidissienne*, la pollution de l'enfance.
Sardanapaliser, vautrer entre les eunuques et les filles.
Chalcidisser, le léchement des testicules.
Fellatricer, sucer le gland.
Phœnicisser, irrumuer en miel, etc., etc.
Une preuve qu'ils étoient plus aguerris que nous, c'est qu'il n'y a presque pas un de ces mots que nous ne soyons obligés de rendre par une périphrase.

(1) Voyez la Toproïde, où j'aurois pu ajouter un très-grand nombre d'autres passages tirés de la Bible. On trouve, par exemple, dans le livre de la sagesse, (ch. XIV, v. 26.) plusieurs reproches d'impureté, d'avortemens criminels, d'impudicités, d'adulteres, etc. Jérémie (ch. V, v. 13) déclame contre l'amour des jeunes garçons. Ezéchiel parle de mauvais lieux et de marques de prostitution à l'entrée des rues. (ch. XXVI, v. 24, 25, 26, 37.) etc.

la nature. C'étoient des maisons publiques où les hommes et les femmes pêle-mêle s'abandonnoient à tous les genres de libertinages ; car ce seroit prostituer le mot de volupté que de l'employer ici. Les deux sexes y offroient des modeles de beauté, et de là le titre de *parterre de la nature.* (1). Les vieilles mettoient encore à profit, dans d'autres lieux, les restes de leur lubricité. Elles étoient tellement impudiques, qu'on les comparoit à des animaux qui avoient l'odeur , l'ardeur, la lasciveté des boucs (2).

> ..... *Verum noverat*
> *Anus caprissantis vocare viatica.*

Dans l'île de Sardaigne , qui n'a jamais été un pays très-florissant ni très-peuplé , le nom du lieu appellé *Ancon* avoit pour étymologie celui de la reine Omphale , qui faisoit tribader ses femmes ensemble , puis les enfermoit indistinctement avec des hommes choisis pour briller dans ces sortes de combats (3).

(1) Erasme , p. 553. — *Samiorum flores.* — *Ubi extremam voluptatum decerperet.* — La samionante. — *Puellæ veluti flores arridentes ad libidinem invitabant.*

(2) *Ani hircassantes.* Eras. 259. *De juvente, cui anus libidinosa omnia suppeditabat , quo vicissim ab illo voluptatem cui feret. Nota et hircorum libido , odorque qui et subantes consequitur.*

(3) Ancon. Eras. 335. *Omphalem regina per vim virgi-*

On sait ce que le despotisme oriental a toujours coûté à l'humanité et à l'amour ; il a dans tous les tems foulé celle-là et profané celui-ci. C'est de Sardanapale (1), l'un des plus vils tyrans de ces contrées, que vient l'idée et l'usage d'unir la prostitution des filles et des garçons.

Corinthe pouvoit le disputer à Samos pour la perfection de la prostitution publique ; elle y étoit tellement révérée qu'il y avoit des temples où l'on adressoit sans cesse des prieres aux dieux pour augmenter le nombre des prostitués (2). On prétendoit qu'elles avoient sauvé la ville. Mais en général les Corinthiens passoïent pour posséder presque exclusivement l'art de la souplesse et des mouvemens volup-

nes dominorum cum eorum servis inclusisse ad stuprum, in sola haberetur impudica. Lydia autem eum locum , in quo fœminæ constuprabantur, appellasse , sceleris atrocitatem mitigantes verbo.

On voit que même en ce genre le despotisme n'a plus rien à inventer.

(1) Eras. 723. *Cæterum deliciis usque adeo effæminatus , ut inter eunuchos et puellas ipse puellari cultu desidere sit solitus.*

(2) Eras. 827. *Ut dii augerent meretricum numerum.* Erasme ajoute que les Vénitiennes de son temps étoient les filles lubriques par excellence. *Nusquam uberior quam apud Venetos.*

tueux (1). On les reconnoissoit à une certaine tournure, à une coupe, à un galbe particulier.

Les Lesbiennes sont citées pour l'invention ou la coutume d'avoir rendu la bouche le plus fréquent organe de la volupté (2).

Différens peuples se distinguerent ainsi par des usages bien étranges et plus fréquens chez eux que chez tous les autres ; de sorte que ce qui n'est aujourd'hui que le vice de tel ou tel individu, étoit alors le caractere distinctif de tout un peuple. Ainsi, de ces peuples de l'île d'Eubée qui n'aimoient que les enfans et qui les prostituoient de toutes manieres, vint

(1) La canobole. Eras. 737. *Corinthia videris corpore questum factura. In mulierem intempertivius libidinantem. De mulieribus Corinthi prostantibus dictum et alibi. Dictum et autem, novo quidem verbo quod nobis indicat questum facere corpore.*

(2) *Lesbiarii.* La Lesbienne. *Antiquitus polluere dicebant.* Eras. 731. *Keiros enim cunnum significat (quæ combibones jam suos contaminet Aristophanes in Vespis.)* Eras. 731. *Aiunt turpitudinem quæ per eos agitur, fellationes opitur, aut irrumationis primum à Lesbiis autoribus fuisse profectam, et apud illius omnium fæminum tale quiddam passam esse.*— Ainsi le talent caractéristique des Lesbiennes étoit de gamahucher ; d'où *mihi at videre labda juxta Lesbios.* (*Aristoph. fellatrix.*) La fellatrice qui suce le gland, étoit encore une épithete des Lesbiennes où c'étoit la mode de commencer par cette cérémonie. Eras. 800.

le mot *chalcider* (1). Ainsi l'on créa celui de *phicidisser* pour indiquer une fantaisie bien dégoûtante (2). On exprima l'habitude qu'avoient les habitans de Sylphos, l'une des Cyclades, d'aider les plaisirs naturels par ceux de l'anus, au moyen du mot *siphiniasser* (3). Ainsi l'on trouva des mots pour tout peindre dans des siecles de corruption ou l'on éprouva de tout. De là le *cleitoriasteim* (4), ou contraction de deux clitoris ; opération qu'Hesychius et Suidas ont pris la peine de nous expliquer, en nous apprenant que ce travail se fait comme le frai de la carpe contre sa semblable ; l'une s'agite quand l'autre s'arrête, et

Fellatrium indicat, quæ communis Lesbiis quod ei tribuitur genti, etc.

N. B. Il y avoit, il y a quelques années, à Paris, une fille charmante, née sans langue, qui parloit par signes avec une adresse étonnante, et s'étoit vouée à ce genre de prostitution. M. Louis l'a décrite sous le titre d'*aglossostomographie.*

(1) *Chalcidissare*, Eras. *Gens (Chalcidicenses) male audisse ob fædos puerorum amores.*

(2) *Phicidissare.* Se faire lécher les testicules par de jeunes chiens. Suétone.

(3) *Siphiniassare.* (Plin. l. IV. 12.) Eras. 690. *Pro eo quod et tannum admovere postico, sumptum esse à moribus siphiniorum.*

(4) Kleitoriazein. Eras. 619. *De immondicâ lididine. Unde natum proverbium, non satis liquet. Libidinosa contractatio.*

réciproquement (d'où le proverbe *non satis liquet*) : de là l'expression de *cunni-langues*, que Séneque définit ainsi. Les Phéniciens différoient des Lesbiens en ce que les premiers se rougissoient les levres pour imiter plus parfaitement l'entrée du vrai sanctuaire de l'amour, au lieu que les Lesbiens, qui n'y mettoient d'autre fard que l'empreinte des libations amoureuses, les avoient blanches (1), et ce n'est pas la maniere la plus singuliere dont on ait paré ses levres : car Suétone rapporte que le fils de Vitellius les enduisoit de miel pour sucer le gland de son giton, de maniere à augmenter son plaisir, en lubrifiant ainsi la peau fine qui revêt cette partie : la salive de l'agent imprégnée de miel attiroit les flots d'amour. C'étoit (2) un aphrodisiaque connu et puissant pour les hommes usés. Mais Vitellius faisoit cette cérémonie tous les jours et publiquement sur tous ceux qui vouloient

(1) *Phænicissantes labra rubicunda sibi reddebant ; sic Lesbiassantes alba labra semene.*

Mart. lib. I. --- *Cunnum carinus linguit estamen pallet.*

Cattullus ad Gellicum. -- *Nescio quid certe est,*

an vere fama susurrat.

Grandia te remedii tenta vorare viri.

Sic certe est. Clamant virronis rupta miselli

Lilia, demulso labra notata sero.

(2) *Hier. Mercurial.*

s'y prêter (1) : ce qui n'est guere plus bizarre que ces libations (*semen et menstruum*)
que certaines femmes , selon Epiphane, offroient aux dieux, pour les avaler ensuite (2).

Je finis cette singuliere récapitulation par
demander aux moralistes si les anciens valoient
beaucoup mieux que nous , et aux érudits
quel service ils croient avoir rendu aux hommes et aux lettres , quand ils ont déterré ces
anecdotes et tant d'autres pareilles dans les
archives de l'antiquité ?

(1) *Quotidie ac palam.* —— *Arterias et fauces pro remedio
fovebat.*

(2) Hier. Merc. li. IV , p. 93. —— *Scribit Epiphanius
fæmina semen et menstruum libare Deo , et deinde potare
solitas.*

F I N.

TABLE.

Fin de la Table.

www.ingramcontent.com/pod-product-compliance
Lightning Source LLC
LaVergne TN
LVHW012021170726
843503LV00001B/360